经典 历史

中国二十四史
帝王谱

李默 / 主编

广东旅游出版社
GUANGDONG TRAVEL & TOURISM PRESS
悦读书·悦旅行·悦享人生

中国·广州

图书在版编目（CIP）数据

中国二十四史帝王谱 / 李默主编 . — 广州：广东旅游出版社，2013.10（2024.11 重印）
ISBN 978-7-80766-654-7

Ⅰ.①中… Ⅱ.①李… Ⅲ.①帝王—生平事迹—中国—古代—通俗读物 Ⅳ.① K827=2

中国版本图书馆 CIP 数据核字 (2013) 第 221346 号

出 版 人：刘志松
总 策 划：李 默
责任编辑：何 阳
装帧设计：盛世书香工作室 腾飞文化
责任校对：李瑞苑
责任技编：冼志良

中国二十四史帝王谱
ZHONG GUO ER SHI SI SHI DI WANG PU

广东旅游出版社出版发行
（广东省广州市荔湾区沙面北街 71 号首、二层）
邮编：510130
电话：020-87347732（总编室）020-87348887（销售热线）
投稿邮箱：2026542779@qq.com
印刷：三河市嵩川印刷有限公司
　　　（河北省廊坊市三河市杨庄镇肖庄子村）
开本：650×920mm　16 开
字数：105 千字
印张：10
版次：2013 年 10 月第 1 版
印次：2024 年 11 月第 3 次印刷
定价：45.80 元

［版权所有　侵权必究］
本书如有错页倒装等质量问题，请直接与印刷厂联系换书。

出版者识

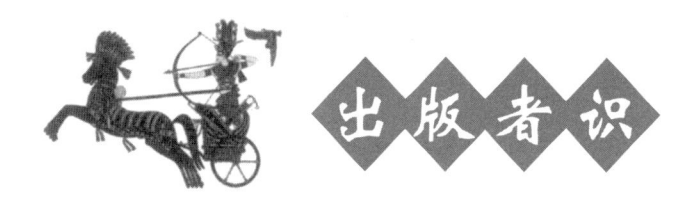

　　《经典历史》是一部全景式图文并茂记录中国文明历史的大书。出版者穷数年之力，会集各方力量——专家、学者、编辑、学术顾问们，在浩如烟海的历史档案、资料、著作中，探珍问宝，追寻中华文明在悠悠历史长河中的灿烂之光。此书的出版，凝聚了编撰者的心血，学术顾问们的智慧。尤其是李学勤先生，亲自动笔写下了序言，更增加了本书沉甸甸的分量。

　　中华文明的历史充满了辉煌与苦难，成就和挫折。它的历史无处不在，决定着我们中国人今天的思想和感情。当今的中国和中国人是中华文明的历史造就的，是中华文明的历史的延伸，也是它的一个组成部分，中华文明的历史之河奔流到现在。

　　中华文明是人类历史卜最伟大的文明之一，是人类文明发展的主要构成。中华文明丰富、深刻、辉煌、博大，在人类文明中的骨干作用和领导作用人所共知。在人类文明的发源时期，中国就是四大古国之一，是地球上文化的策源地之一。在人类文明的早期，中华文明成为文明在东方的支柱，前后200年间，人类的汉帝国与罗马帝国这两只铁手攫住了地球。在欧洲进入中世纪的时候，中华文明更成为人类文明最主要的领导，它的文明统治东亚，传遍世界。进入近代，中华文明处于自身的重压和西方的欺凌下，但中国人民的斗争史和奋起精神是人类文明历史中不可缺少的一页。

　　五千年的中华文明为人类贡献出了从思想家孔子到科学技术的四大发明，从唐诗宋词到长城运河的伟大创造；贡献出了从诸子百家到宋明理学，从商周铜器到明清文学的深刻内涵；也贡献出了从五霸七强到三国纷争、从文景之治到十大武功的辉煌历史。中华文明的历史绚烂多彩，在人类文明的历史长河中永放光芒。

　　中华文明也是人类历史上最独特的文明，没有哪一个文明像中华文明这样持久，这样统一一致。世界上其他文明不但互相交错，其创造者也都与高加索人种有关，它们是姐妹文明。在人类历史中，只有中华文明才是独特的，它的创造者是中国土地上的中国人民，与其他任何地方的人民都没有关系，它的文化是统一一致的文化，可以不依赖于其他任何文明而生存，但中华文明也绝不是封闭的，它接受他人的文化，也承担自己对于人类的责任。

　　人类进入新世纪，中国的社会经济发展令世人瞩目。人们对于世界未来的政治和经济结构的估计无不以东亚和太平洋为中心，而尤以中国为重点。

经济起飞只是当代中国的一个方面，中国的精神文明建设尤为刻不容缓。如果中国要自觉地发展中华文明，要有意识地使中国的发展具有世界意义，就必须发展强有力的精神文化，这样才能使中华文明的发展进入一个新的阶段，才能形成中国和中华文明的全面现代化。

而中国的精神文化的发展植根于中华文明的伟大传统之中。进入近代之后，在西方文化的冲击下，对于中国文化的价值产生了大量的情绪化和激烈冲突的论调。"五四"运动"打倒孔家店"的口号具有冲破封建束缚的时代意义，对中国文化的发展有不容否认的正面意义，与文化虚无主义是完全不同的。文化虚无主义者否定中国传统文化，在现代化的旗帜下主张全盘西化；而复古主义则沉迷于中国文化的古董，走进反进步、反科学的泥潭。

历史的发展则超越了所有这些论点，产生这些论调的一百多年来的中国近代史已经结束。历史要求中国发展，要求中国走在全世界发展的前列。西化论和复古论都已过时，历史已经要求世界超越西方，中国可以承担起世界的命运，而中国的现实和世界的历史都说明，中国的使命在于它的发展前进，而非倒退。

中华文明走出迷惘的时代，我们这一代处在一个伟大而具有挑战的历史阶段。

总结历史、展望未来，这就是《经典历史》的意义和使命。我们创作《经典历史》，力求总结和回顾中华文明的全貌，在内容和形式上都开创一个新的局面。在内容结构上，既具有一定的深度，又具有相当的广博性，既有严谨、准确的学术价值，又有活泼、流畅的可读性。本丛书内容纳了中华文明的各个方面，使它综合了大规模学术著作的系统性、严密性和普及读物的全面性、简易性，它既可作为大型工具书检索中华文明的各个成分，又可作为通俗的读物进行浏览。

我们从上世纪90年代初起就开始思考中华文明的历史和现实问题，并逐渐形成了编著《经典历史》的设想。在开展这项庞大的文化工程之始，我们就聘请了国内权威学者李学勤、罗哲文、俞伟超、曾宪通、彭卿云诸先生担任学术顾问，他们对计划作了充分讨论，并审阅了大量初稿。我们聘请了广州、香港地区的社会科学学者、大学教师、研究生以及我社编辑人员几十人担任稿件的撰写工作。

通过创作这部书，我们深深地感受到了中华文明的博大精深，也感受到了它的内在缺陷。中华文明具有辉煌的时期，也有苦难的年代，有它灿烂的成就，也有其不足的方面。中华文明在自身中能够吸取充分的经验和教训，就能够使自身健康壮大，成长发展。

通过创作这部书，我们也深深感受到了出版事业的使命和重任。我们希望这部书能受到广大读者的喜爱，起到它所应当起的作用，为中华文明的反省、前进和奋起作一点贡献。

目 录

夏禹治水 / 001

羿、浞生乱·少康中兴 / 003

汤灭夏建商 / 004

武丁中兴 / 006

周武王封邦建国 / 007

周公姬旦奠定周礼 / 008

穆王征犬戎·造父献八骏 / 012

厉王止谤·国人暴动 / 013

宣王中兴 / 013

周幽王烽火戏诸侯 / 014

幽王被杀·西周灭亡 / 015

楚国始称王·南方文化融入中原 / 018

齐国内乱·襄公被杀 / 018

齐桓公即位 / 019

齐桓公会诸侯于鄄·齐开始称霸 / 021

周王子颓作乱 / 023

齐桓公伐楚 / 024

秦穆公任用百里奚、蹇叔 / 025

管仲谏止齐桓公封禅 / 026

齐桓公主持葵丘之会 / 027

齐桓公去世·齐国大乱 / 028

晋惠公背信弃义 / 029

晋文公安定周室始作霸主 / 031

晋文公去世 / 033

秦穆公厉精图治称霸西戎 / 034

楚庄王问鼎中原 / 035

晋悼公恢复霸业 / 036

楚灵王灭陈蔡·谋取霸业 / 036

专诸刺吴王僚·吴王阖闾即位 / 038

吴王阖闾攻越·战败而死 / 040

吴师破越·勾践卧薪尝胆 / 041

吴王夫差鉴 / 042

夫差进军中原·伍员诤谏而死 / 043

勾践伐吴 / 044

勾践灭吴·夫差自杀 / 045

赵桓子自立 / 046

魏文侯出兵平晋乱 / 046

韩、赵、魏封侯·三晋伐齐 / 047

田氏代齐 / 048

秦献公改革秦政 / 049

齐威王治齐 / 050

秦惠文王威逼六国 / 052

燕昭王求贤 / 053

赵武灵王胡服骑射 / 053

秦武王举鼎绝膑·秦魏冉平定内乱 / 055

赵武灵王禅位·困死沙丘 / 056

范雎入秦用于秦昭王 / 057

秦王政即位·吕不韦封相 / 058

秦始皇开创帝制 / 059

秦始皇焚书坑儒 / 063

秦始皇修建阿房宫和骊山陵墓 / 064

秦始皇病死沙丘 / 066

刘邦入关灭秦 / 067

刘邦约法三章 / 069

刘邦称帝 / 070

刘邦分封同姓王 / 070

刘邦作《大风歌》/ 072

刘邦征英布 / 073
吕后临朝称制 / 073
汉文帝诏举贤良 / 075
汉文帝除肉刑·改革刑制 / 075
汉文帝去世 / 077
汉景帝即位 / 078
汉景帝诏谳疑狱 / 080
汉景帝死·汉武帝立 / 081
汉武帝独尊儒术 / 082
汉武帝设博士弟子员 / 083
汉武帝大兴水利 / 084
汉武帝巡行天下封于泰山 / 085
汉武帝建造建章宫 / 086
汉武帝刘彻祀神求仙 / 087
汉武帝颁轮台罪己诏 / 088
刘玄称帝 / 089
刘秀败莽军主力于昆阳 / 089
刘秀巡河北·击王郎、铜马 / 090

刘秀称帝·定都洛阳 / 092
汉光武帝改置军营 / 093
光武帝诏州郡检核天下垦田户口 / 094
光武帝去世 / 096
汉明帝立学南宫 / 097
曹操起兵 / 097
刘备占据徐州 / 098
孙策入主江东 / 098
曹操击败刘备 / 099
曹操兴学 / 100
孙权安定东吴 / 100
孙权迁都建业 / 101
刘备占据益州·平定三巴 / 101
曹丕称帝代汉 / 102
刘备称帝 / 104
刘禅降魏·蜀汉灭亡 / 104
司马炎称帝改制 / 106
刘渊称帝建汉·十六国开始 / 107

司马睿称帝·东晋建立 / 108
孔衍去世 / 110
石勒称帝·建立赵国 / 111
慕容皝建立燕国 / 112
魏道武帝持续改革 / 113
魏道武帝晚年暴虐乱国 / 114
刘裕灭刘毅 / 115
刘裕行义熙土断 / 116
魏太武帝灭佛 / 117
高欢起兵废立·控制北魏朝政 / 118
周灭齐·统一北方 / 119
陈霸先建陈 / 120
杨坚灭宇文氏建隋 / 121
李渊称帝建唐 / 122
李世民灭西秦 / 124
耶律阿保机为契丹主 / 125
朱全忠建梁·五代开始 / 126
刘守光称帝国号大燕 / 127
赵匡胤加强中央集权 / 128
宋太祖征北汉 / 129
宋太祖平定南汉 / 130

宋灭南唐·李煜去世 / 131
宋太宗求贤 / 132
宋神宗强兵 / 132
完颜阿骨打不为天祚帝舞 / 134
阿骨打建金反辽 / 134
完颜阿骨打去世 / 135
高宗下诏岳飞被迫班师 / 136
完颜亮政变继位 / 138
铁木真被举为可汗 / 139
成吉思汗去世 / 140
忽必烈征服大理 / 141
忽必烈建元·定都大都 / 142
元世祖忽必烈去世 / 143
朱元璋势力渐强 / 144
朱元璋称帝建明 / 145
朱元璋去世 / 147
朱棣即帝位·创内阁制 / 148
成祖二征蒙古 / 149
明成祖第四次北征 / 150
努尔哈赤称汗 / 150

夏禹治水

根据文献记载和古代传统，尧、舜之时，鲧奉命治理水患，失败被杀，其子禹（约前2033年—前1989年）被推举继承父业，平息水患。禹不辞辛苦，排除万难，居外十三年，三过家门而不入，终于疏川导滞，治水成功。

禹吸取其父失败的教训，改变方法，不采取修堤筑坝、壅防百川的办法，而是开沟修渠，以导为主，依据地势高低排除积水和疏浚滞淤，使原来的沼泽涹地改变成桑土良田。

结合河南豫西地区的考古发掘材料看，原始氏族社会末期的仰韶文化和龙山文化早期的文化，还多分布在浅山区和丘陵地区河谷两岸的台地上，而龙山文化中期与晚期的聚落遗址，

大禹治水像

不但数量较前显著增多，而且在靠近河岸两侧地势比较低的地带，特别是在河南豫东大平原地区，也多有分布。这很可能和禹治水成功，使农业生产发展从而促进整个地域发展有关。

大禹陵

羿、浞生乱·少康中兴

根据文献记载和古代传说，夏启死后，子太康继位。这两朝君主均安于逸乐，不恤民命，于是在夏王朝的统治集团内部，先发生太康兄弟五人争夺王位的变乱，后出现武装叛乱，虽被平息，但夏王朝统治力量已经被削弱。

太康死后，子仲康立。仲康死后，子相立（约前1868年—前1848年）。这时东夷族中势力比较强大的有穷氏首领后羿（又称夷羿），趁夏王朝内部发生王权之争，攻入夏都，"因夏民以代夏政"，夺取了王位，号称帝羿。羿掌权后，不吸取教训，自恃善射，不修民事，终日以田猎为乐。不久后羿被他的亲信东夷族伯明氏成员寒浞所杀，寒浞自立为帝，又夺羿妻子，生子浇及豷。

寒浞又命其子浇灭夏的同姓斟灌与斟鄩，并追杀逃亡的夏帝相。结果，相被杀，但相之妻从墙洞逃出，躲藏到母家有仍氏（今山东金乡境），生夏帝遗腹子少康。

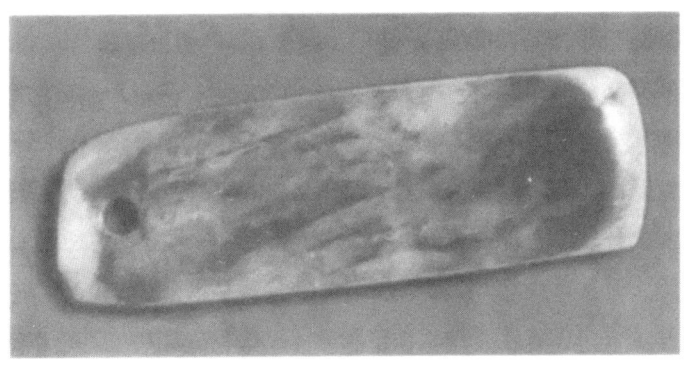

夏代文物

少康长大后做了有虞氏（今河南虞城）庖正。有虞君主虞思以二女为少康妻，并封之于纶（今虞城东北）。当时少康"有田一成，众一旅"，积极争取夏众与夏民，志在复国。他在斟灌与斟鄩余众的协助下，灭掉了寒浞及其子浇，又命其子杼灭掉了豷，从而结束了后羿与寒浞四十年左右的统治，恢复了夏王朝的政权。

少康死后，子杼立，他重视发展武装和制造兵甲。杼执政后曾"征于东海"，东夷诸侯都臣服于夏，受其爵命。夏代中兴局面得以形成。

汤灭夏建商

约前1551年，汤的军队攻占了夏都斟鄩（今伊洛地区），就此，夏王朝灭亡，汤建立了商王朝。

汤，又名成汤或成唐，甲骨文称大乙（还有他名）。其始祖名契，相传是帝喾高辛氏的后裔，契母简狄，有娀氏之女，吞玄鸟（燕子）卵生契，故曰："天命玄鸟，降而生商"，因此商族曾以鸟作为氏族的图腾。商族经过长期的发展，力量逐渐壮大起来，至汤时，迁居于亳（今河南濮阳），这里是夏和先商交界地区。从亳到夏的都城斟鄩，是一片平原沃野，没有什么山河阻挡，汤便于此组织军队向斟鄩进军。汤迁居亳是进行灭夏的准备。

对待周围各小国，商汤尽力扩大自己的影响，争取各方国和部落的拥护和支持。《史记·夏本纪》里记载："汤修德，诸侯皆归汤。"当汤看到夏桀的统治基础已根本动摇，灭夏时机已经成熟时，便召集诸侯开会申明，为了执行天的命令，必须征伐暴虐百姓的夏王朝。

经过一番准备之后，商汤于前1551年征伐夏桀。出发前，汤发表誓师词，据说这就是今天保存在《尚书》里面的《汤誓》。汤攻夏的进军路线是从亳起兵先伐葛、韦、顾，再伐昆吾，最后直捣夏的都城斟鄩。夏桀面对汤的进攻，毫无防备，不战而逃，后逃至南巢被囚而死。汤安抚夏朝臣民后举行祭天仪式，宣告夏王朝灭亡。其后，他在三千诸侯的拥戴下登上天子之位，宣告商王朝的成立。经过二十年征伐战争，汤统一了黄河中下游地区，影响达于上游，统治区域空前辽阔。

商代建立之后，汤吸取了夏桀的教训，告诫臣属不能象夏桀那样贪图享乐，压榨百姓，而要"勤于事"，"有功于民"。他自己也以身作则，定期巡守天下，施仁政，勤政爱民，曾自充牺牲为民祷雨，颁布四方献令，要求各地进贡时只贡所出产品，不能在价值上互相攀比，这减轻了人民的负担，受到各地诸侯的欢迎。

商朝的建立，使生产力得到巨大发展，并且使古代文明的进步获得转机，它使中国成为与埃及、巴比伦并称的上古文明国家的代表。

商汤像

武丁中兴

盘庚迁殷后，商的政治、经济和文化都有很大的发展，武丁时达到商王朝最强盛时期。

武丁少年时，曾在民间居住，躬亲稼穑，体察人民疾苦。约前1271年，武丁即位后，思索复兴殷道之法，但苦于缺少辅佐大臣，因而三年不问朝政，静观民风国情。后来，一夜梦得一位名叫说的圣人，于是依其貌画成像，命令百官在国中求索。最后在傅险工地上发现此人。武丁与他相谈，果然为大贤之才，并赐说姓傅。傅说出身微贱，尚为刑徒，武丁断然擢拔为相，委以国政。同时，又举拔学识渊博的知虞（今山西平陆一带）人甘盘为辅政大臣。武丁在傅说和甘盘等众大臣辅助下，国家日益兴盛。

武丁中兴，国力强盛，于是军事上不断征战四方。鬼方是殷代北方草原地区的游牧部落，曾频频出动，骚扰殷人统治区，武丁亲自率军征讨，三年平定；舌方是殷北方另一游牧部落，在盘庚迁殷前，舌方趁殷王室"九世之乱"之机，迅速扩展势力。为了掠夺更多的生活资料，舌方不断向南游移，骚扰商朝属国，并屡屡深入商王畿西郊进行抢劫，严重威胁着商王朝的统治。武丁于是命武将禽和甘盘率军征

武丁像

伐，通过十几年征讨，终于平服舌方，舌方之地就此归入商朝版图；土方是殷代北方距离商王畿较近的又一部族，经常侵夺商地居民，曾进入商东郊劫掠两个居民聚落，武丁在征伐舌方过程中，用二、三年时间消灭了土方，土方居地也成为商朝领土；羌族是西部地区的古老部落，或称西羌。分为羌方、羌龙、北羌、马羌等。武丁对西羌多次进行征伐，所获战俘，多作"人牲"，充作祭祀鬼神的牺牲；商朝南方地区有众多方国、部落。江汉流域的"荆楚"是其中最强大的方国之一。相传，武丁曾率商族武士，深入荆楚险阻之地，掳获其众，荡平其地，江汉流域也成为商朝版图的一部分。大彭和豕韦均为商朝诸侯国。商王河禀甲时，两国势力大增，不甘俯首听命于商，拒绝纳贡，也为武丁所灭。

随着战争的不断胜利，商王朝的势力在西、北、东、南急剧扩张，达到商代的最高峰。

是为"武丁中兴"。

周武王封邦建国

武王四年（前1066年），周王朝王室建立。

牧野之战后，武王进入商都，分商的畿内为邶、鄘、卫三国，以邶封纣子禄父（即武庚），鄘、卫则由武王之弟管叔鲜、蔡叔度分别管理，合称三监（一说管叔监卫、蔡叔监鄘、霍叔监邶，以监视武庚）。随后派兵征伐尚未臣服的商朝诸侯，据记载征服者有99国，臣服652国。

克商后，武王还师西归，在他新迁的都邑镐京（即宗周，今陕西长安西北沣水东）举行盛大典礼，正式宣告周朝的建立。

周王朝建立后，所面临的政治形势相当严峻，武王以"小邦"之君统治如此大的区域，担心诸侯叛乱。为了巩固政权，适应新形势的需要，武王决

西周都城遗址

定按功行赏，调整统治集团的内部关系，实行以周王室为中心的分封政治制度。先后受封的功臣昆弟主要有：姜太公、周公旦、召公奭等。

周公姬旦奠定周礼

西周初年，实际掌握周朝大权的摄政周公姬旦制定了完整的周礼系统，成为西周及东周数百年间占统治地位的国家体制，并决定了人们的生活方式，这套周礼体系将商人的宗教，政治制度和周民族自己的宗族、政体、信仰传统融为一体，将新石器时代以来中国大地上的以上帝天命为主导、以宗族宗法为基础的文化发展到了顶峰，形成了青铜时代中华文明的古典形式。

周礼的思想基础和核心是天命观，天命是周民族的重要贡献，它与殷商民族的上帝有着明显的联系，但也有着本质的不同。周民族的天与上帝一样是有意志、感情，关涉人间事物并且决定人们行为的人格神，在一些周人的文献中甚至天与上帝合称而不分。但周礼天命观的本质是德，德是人的行为，"以德配天"是天人交合的方式，这就与殷商民族求天、祭天、问天的一元决定论有了区别。

在历史的阐释中，周公把周人取代殷商成为统治民族归因于德，文王"明德慎罚"，德行敦厚，勤劳谨慎，具备了"德"，才得到上帝和人民的认可，被赐予王权，这不但是周人王统的理论论证，也是周公对周王朝统治构成的规定。"以德配天"肯定了人的主观努力，把它作为天和上帝对人们的作用方式，从而形成了周礼中主动的伦理学，周礼之下的统治者同人民一样不能再象殷商民族那样依靠上帝、列祖列先的恩惠和启示生活，而要主动地靠有德的生活方式来取得上天的监督、赏罚和顾籍，"我亦不敢宁于上帝命""敬之，敬之，天维显思，命不易哉"。

周公测景台。周公姬旦在阳城（今河南告城镇）设台观测日影，后人称为周公测景台。这是我国最早的、保存最完整的古天文遗迹。

由这种天、德二元基础出发，周礼形成了一系列伦理道德观念，它们成为周礼的精神和核心。周公从"敬德"出发，阐发了"保民"和"慎罚"的主张，以之作为"德"在统治上的主要规范，这一点不但是周统治的中心思想，经战国儒家张大后，也成为全部中国政权的根本规范。从德的各种涵义引申出"君子"，这个合德的人的概念，把"有孝有德"作为"君子"的规范，以君子为"四方之则"。"孝"与"德"并行，"孝"是传统宗族宗法观念的伦理化，"追孝"是周人用礼器中追念、祭祀先人的活动的总称，以祖先为核心的宗族观念发展为"孝"的伦理范畴。

在天命论基础和德的伦理观念之外，是一整套严格的社会制度。周人的礼是政治、宗法制度的一部分，是从这个制度派生来的人们的关系的规范，

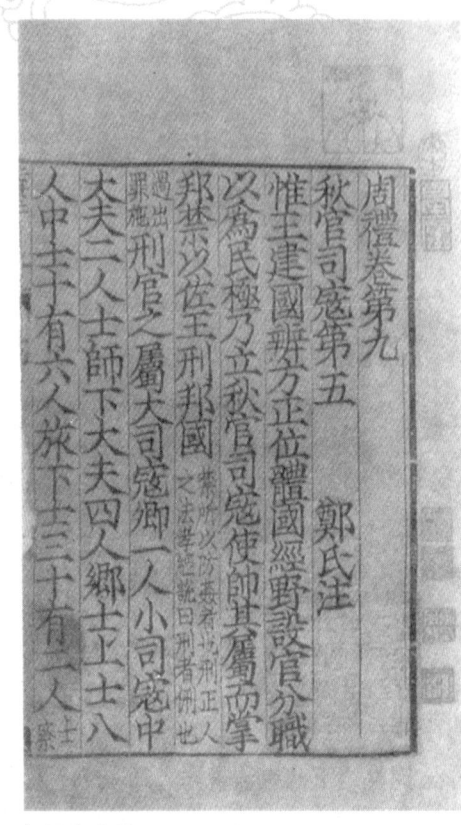

《周礼》书影

周人的政治、宗法制统一表现为宗法制与分封制。

宗法制度是规定同一祖先的后世子孙，即一宗内部成员间的亲疏、等级和世袭权利的制度。其中嫡长子继承制是以嫡长子为全宗族的大宗，旁系庶子为小宗。历世的周天子都以嫡长子的身分继承父位为天子，奉戴始祖，成为姬姓宗族的"大宗"，他的同母弟与庶兄弟受封为诸侯，是为"小宗"。在诸侯国内，也根据这一原则，由嫡长子继位为下一代诸侯，成为封国内的"大宗"。其诸弟则被封为卿大夫，是为"小宗"。卿大夫在自己的采邑内，也实行嫡长子继承制，成为采邑内的"大宗"，其诸弟则为士，是为"小宗"。士的长子仍为士，其余诸子则降为庶人。

与此同时，周初进行了大分封，周天子将其子弟、亲戚、功臣等分封到全国各地，并授予相应的土地和人民，在分封国中，以周王室同姓贵族为主，其中尤以文王、武王及周公的子孙为多，非姬姓的齐（姜尚）、宋（微子）等也与周王室关系密切。

西周封国中，同姓国是主体。对于异姓功臣封国，周室也通过缔结婚姻的方式，把它们纳入了"以蕃屏周"的轨道。

被封的诸侯在本国内也进行同样的对其属下的分封。诸侯所封的人，基本为其同族，也有少数异姓，他们得到采邑，是为"卿大夫"。卿大夫继续分封，受封者即为"士"，有食地，士以下不再分封。这样自上而下层层分封的

周公测景

结果，就形成了宝塔型的贵族统治结构。这个统治结构井然有序，从而有效地加强了周王室对全国的控制，稳定了统治秩序，这不能不视为周朝政治制度建设上超越商朝的一个重大进展。

宗法制与分封制决定了周代政治和社会生活的格局，它将天命、君权、宗族关系与政治结构融为一体，并由此完善地形成了朝聘会同的礼制和雅乐体系，在新石器时代开始形成的中华文明在青铜时代的鼎盛期达到了完美的形式。

相应于礼制，周王朝还形成了以太师、太保为首脑，以卿事寮为中心，以其属官"诸尹"为基础的中央官制，并在礼制实行中逐渐凝固出一系列习惯法形式，以礼为依据，以誓、法、令第命为形式，以刑作罚的法制形式固定下来。

穆王征犬戎·造父献八骏

西周盠驹尊。铭文记器主在周王执驹时受赏。

穆王元年（前976年），昭王之子穆王满继位，在位长达五十五年。他好大喜功，仍想向四方发展。穆王十二年（前966年）曾因游牧民族戎狄不向周朝进贡，西征犬戎，获其五王，并把戎人迁到太原（今甘肃镇原一带）。

穆王好游行，致使朝政松弛。东方的徐国率九夷侵周，甚至西至河上。穆王南征，通过联合楚国的力量，才得以平定。

造父是赵国的始祖。造父的先人以擅长养马驾车而著称，中衍曾为商王大戊驾过车。造父受宠于周穆王，因而精心挑选八匹毛色相配、力量整齐的骏马，加以调驯，名为"骅骝""绿耳"等，献给周穆王。穆王乘坐八骏马所驾之车，造父为驭，西行至西王母之邦，乐而忘返。

后世流行穆王西征的故事，如晋代汲冢出土战国竹简《穆天子传》所载，虽多不真实，但反映了当时穆王意欲周游天下，以及与西北各方国部落往来的情形。

厉王止谤·国人暴动

前858年，周厉王继位。他在位期间，灾荒频繁，庄稼枯萎，民不聊生，贵族们却依然沉湎于酒色。

前844年，为了聚敛更多的财富以供挥霍，厉王任用虢公长父和荣夷公实行"专利"：强行宣布山林川泽为王有，不许平民入内樵采渔猎。从而触犯了社会各阶层的利益，怨言四起。厉王又拒绝接受芮良夫的忠告，提拔荣夷公为卿士，继续实行专利。于是举国怨怒，街头巷尾，到处都有人发泄不满。厉王从卫国找来巫师，让他用巫术监视发表"谤言"的怨恨者，并告谕国中，有私议朝政者，杀无赦。卫巫假托神灵，肆意陷害无辜，不少人死于非命。于是，人们不敢再在公开场合言语，路途相见也只能以目示意。厉王认为他已消除民人诽谤。召穆公认为："防民之口，甚于防川"，一旦决口就无法收拾。他主张广开言路，让上至公卿大夫，下至百工庶人的各种人士都有发表意见的机会。厉王充耳不闻，一意孤行。不到三年，广大国人实在无法忍受下去了，终于爆发了我国历史上第一次国人暴动。

宣王中兴

前827年，周宣王继位后，为了消除厉王暴虐政治的影响，缓和国内外不安定局面，采取了一系列的步骤和措施。对内，首先是改革政治，以周公、召公二相为辅，又任用尹吉甫、仲山甫等贤臣修政，效法文王、武王、成王、康王的遗风。同时，宣布"不藉千亩"。宣王之前，每年春耕时节，天子都要举行藉田礼，到宣王时，先前集体耕种公田之法已难以继续，耕田礼名存实亡，于是宣王宣布废除此藉（没收）田典礼。这一措施对照厉王时期的专利政策，显然具有表示放宽对山林川泽的控制之意义。

对外方面，周宣王即位后，针对猃狁不断侵扰，掠夺财物，杀害人民这一严重情况，周宣王一方面派南仲驻兵朔方，加强防守力量，同时又派尹吉甫领兵北伐，追至太原（泛指陕北、晋北一带的黄土高原），猃狁兵败北逃，其他戎狄部落也复臣服于周。宣王在战胜猃狁之后，又派方叔带兵南征荆楚，也取得一些胜利。派尹吉甫用武力压服南淮夷进献贡物，暂时控制了东南地区，恢复了对南方的影响。在宗周以南，以秦仲为大夫，命他西征西戎，结果为西戎所杀，又召秦仲之子庄公兄弟五人，带兵7000人，再伐西戎，结果取得胜利。

周宣王这一系列措施及行动，大大提高了王室的威信，遂使周势复振，诸侯又重新来朝。后来的史家称之为"宣王中兴"。然而，周王室日衰及诸侯日强之总趋势已不可避免，中兴现象只能是暂时的。到后来，除战胜一次申戎外，伐太原戎、条戎和奔戎，都遭到失败。特别是在宣王三十九年（前789年）伐姜氏之戎，大败于千亩（山西介休县南），他调去的"南国之师"全军覆没。这表明周朝的实力已趋于空虚。

周幽王烽火戏诸侯

周宣王死后，子宫涅继位，是为幽王。周幽王初立时，社会动荡不安，内外交困，而周幽王却以"善谀好利"的虢石父为卿士，引起国人极大的怨愤。他又宠爱褒姒，废申后和太子宜臼，立褒姒为皇后，以褒姒子伯服为太子。

褒姒为褒国（今陕西汉中西北）人，姒姓。幽王昏庸，只知讨好褒姒，

不理国事。褒姒不善笑，幽王费尽心机欲图褒姒一笑，而褒姒始终不笑。在古时为传递军事情况，往往于军事要地，每隔一段距离建一座高大的台子，谓之"烽火台"。一旦知敌入侵，白天则举烟，夜里则举火报警。倘若周天子举烽火报警，诸侯皆有派兵驰援之义务。周幽王为图褒姒一笑，无敌来犯却点燃烽火，诸侯闻警，纷纷率兵马至京城勤王，来到之后，方知空跑一场。此情景引起褒姒开怀大笑。幽王为此而数举烽火，其后诸侯遂不至。

烽火戏诸侯图

幽王被杀·西周灭亡

姬宫涅（幽王）因宠爱褒姒，于幽王五年废申后及其太子宜臼。此事虽遭大臣卿士反对，但姬宫涅一意孤行。宜臼被废后，逃往其母家申国逃难。此时周王朝之力量十分衰微，无异于一中等诸侯国，齐鲁晋卫已摆脱王室控制。申侯虽不满姬宫涅，然尚未公然叛周。幽王八年，姬宫涅立褒姒子伯服为太子，遂使周、申间之矛盾趋于表现化。幽王九年，申侯与西戎及鄫侯结盟，做联合反周的准备。次年，姬宫涅针锋相对，与诸侯盟于太室山，并派兵讨伐申国以示威。幽王十一年（前771年），申侯与鄫国、犬戎举兵伐镐

骊山烽火台遗址，相传是周幽王烽火戏诸侯的地方。

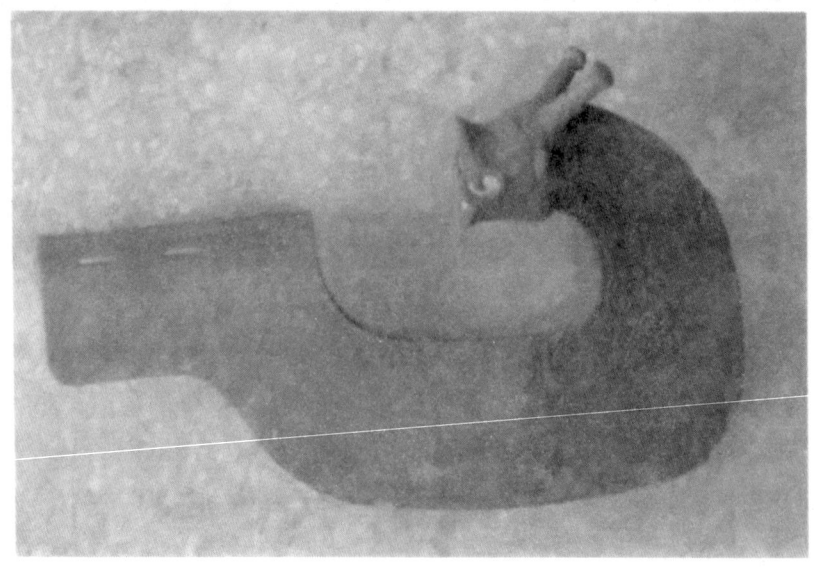

西周龙头钺。钺是一种大型的斧，可作为杀戮的刑具，此钺以龙体的弯曲成钺的形状，龙头向下，双角竖起，吻部上翘，张口露出獠牙。下部有三个长方形孔，可用皮条缚住柲，使之牢固，柲的另一头套在张开的龙口内。此钺设计构思巧妙，别具匠心。

西周刖刑奴隶守门鬲

京，姬宫涅燃烽火而诸侯不至，势穷力孤，被打得大败，带领褒姒、伯服等人及郑伯友（桓公）东逃，于骊山下坡追及。戎兵杀姬宫涅、伯服与郑伯友、虏褒姒，尽取周室财宝而去。

幽王死后，申侯、鲁侯、许文公等共立原太子宜臼于申，虢公翰又另立王子余臣于携（今地不详），形成两王并立。宜臼为避犬戎，迁都到洛邑，是为周平王。余臣在前760年被晋文侯所杀。

楚国始称王·南方文化融入中原

周桓王十六年夏（前704年）楚伐随，双方军队在速杞（今湖北应山县西）交战，随军被打败逃走。

这年秋，楚熊通自立为武王，始开濮地。濮是少数民族的聚居地，民族混杂，其生活习俗和宗教颇带有原始遗存的野性、神秘气息。

至此，楚实际上已辐射江淮，窥伺中原，并对巴、濮、蛮、越都有所制驭。

由于各种部族渊源各异，历史参差，楚文化的形成包含几个方面：1.荆楚部族本身的文化；2.中原华夏文化的影响；3.楚地域内外各民族文化的影响。楚有独特的文化，在楚地域原始鬼神崇拜祭祀的色彩要浓于中原地区的礼仪宗教倾向，因此前者往往带有"巫觋"的烙印和山野的神秘气息。

信鬼好祀，乐舞娱神等经常性的习俗生活内容，在南楚土著民族中更是蓬勃浓郁。如果说中原文化是以典重质实为基本精神，那么楚文化则以绚丽浪漫为主要特色。

齐国内乱·襄公被杀

周庄王十一年（前686年），齐国发生公孙无知之乱，襄公被杀。

齐襄公曾派齐大夫连称和管至父戍守葵丘（今山东临淄西），出发时正值瓜熟时节，齐襄公和他们约定，明年瓜熟时，再派人替换他们。驻守一年之后，齐襄公却不提换防之事。连称和管至父请求派人代替，齐襄公仍不同意，两人遂策划叛乱。齐僖公同母兄弟夷仲年之子公孙无知，很受齐僖公宠信，衣服礼仪等都和嫡子一样。僖公死后，齐襄公继位，降低公孙无知待遇，公孙无知甚为愤怒，连称和管至父便联络他反叛。连称的堂妹在齐襄公后宫为妾，不得宠。公孙无知让她侦察襄公的情况，并许诺，事成之后立她为君夫人。周庄王十一年（前686年）冬，这些人把计划付之实施，发动宫廷政变，杀齐襄公。其后，公孙无知自立为齐君。周庄王十二年（前685年）春，公孙无知到雍林游玩。此人暴虐，雍林人多怨恨他，故乘机将他杀死，并通告齐国大夫，请议立新君。

齐乱，管仲、召忽奉公子纠奔鲁。而鲍叔牙在齐襄公时已预知齐国将乱，奉公子小白奔莒。

齐桓公即位

周庄王十一年（前686年）公孙无知杀齐襄公登基，但他立即遭到国人的强烈反对，被视为弑君篡位的叛臣。前685年春天，公孙无知赴葵丘（今山东临淄西）游猎被葵丘大夫雍廪袭杀身亡。

因齐襄公暴虐而逃奔在外的襄公诸弟，纷纷准备返齐继位。公子纠因其母为鲁女而逃奔在鲁，由管仲、召忽为其辅佐。公子小白逃奔在莒国，由鲍叔牙为其辅佐。公子小白之母是卫国之女，有宠于齐僖公。公子小白和齐国大夫高傒相友善，公孙无知被雍林人杀死时，齐国显贵高氏和国氏就商量，把公子小白秘密从莒国召回。鲁国听到公孙无知死讯，发兵送公子纠返齐，并派管仲率领部队在从莒赴齐的路上阻挡公子小白。管仲引箭射小白，射中其带钩，小白佯装身亡，倒在车中。管仲误以为小白已死，便派人驱车将消息飞报鲁国，公子纠信以为真以为高枕无忧，便慢慢赶路，六天后才到齐国，此时，公子小白早已到齐。因有高氏、国氏为内应，所以顺利继承君位，是

齐侯盂

汉墓石刻曹沫劫桓公图。齐鲁会盟时，曹沫以匕首劫持桓公于坛上，逼使桓公还鲁侵地。

为齐桓公。管仲与公子纠逃往鲁国。

周王室东迁以后，政治权力迅速转移到诸侯国，宗法制度和神权统治也已崩溃。所谓"春秋五霸"开始——登上了历史舞台，政治结构上的这一重要变化促使各诸侯国发展起各具风格的政治、经济、军事格局和多元化的文化样式，从而为以后战国秦汉文明各方面的演进奠定了基础。齐桓公即位后，建立起齐国的霸权，引起政治、经济、文化上一系列改革，是中国历史发展的一个重要里程碑。

齐桓公会诸侯于鄄·齐开始称霸

周僖王三年（前679年）春天，齐桓公再次召集宋桓公、陈宣公、卫惠公、郑厉公在鄄（今山东濮县东20里）会盟，各诸侯共同承认齐国的盟主地位，齐桓公开始称霸。

桓公即位后，不计前嫌，重用管仲，管仲辅佐桓公在政治、经济两方面施行改革政策，齐国国力日益强盛。凭借雄厚的经济和军事力量，齐桓公意欲向外发展，管仲相应地积极促使桓公采取尊王攘夷、争取与国的方针，以建立霸权。

所谓"尊王"，即尊崇周王的权力。当时周王室虽已衰微，但名义上仍是姬姓各国的大宗和天下诸侯的共主。"尊王"的实质是以尊崇王室为标榜，而以号令天下为目的，所谓"攘夷"，是抵抗北方少数民族戎、狄对中原的侵扰，捍卫华夏诸侯国的安全。"争取与国"是指与诸侯各国结好。"尊王攘夷""争取与国"的方针顺应时势，齐国逐步走向霸主地位。

周僖公元年（前681年），齐桓公为平宋国内乱，召集宋、陈、蔡、邾等诸侯在北杏会盟，开创春秋时代以诸侯主盟会的先例，并于会后派兵将借故不参加结盟的遂国灭掉。到了本年春天，齐桓公再会宋、陈、卫、郑等国诸侯，齐国的盟主地位被诸侯各国所共认，齐国踏上霸主地位。

然而，郑厉公其实并不甘心承认齐国的盟主地位，而力图恢复其父郑庄公的功业。周惠王元年（前676年）姬阆（周惠王）即位，郑厉公与虢公、晋君一起在陈国迎立王后，显示出积极参与王室事务的决心。此后郑、齐关系恶化，而鲁国也接着背弃齐国。周惠王三年（前674年）春天，郑厉公与虢公丑响应姬阆之召，讨伐王子颓，帮助姬阆复国，杀王子颓及其党羽。郑厉公因平定王室之乱立有大功，姬阆把虎牢东面的郑武公旧地赐给他以作报答。郑厉公的一系列活动，动摇着刚刚开始称霸的齐桓公的事业，但他不久就去世，郑国随之国势日衰，力量已不足以与齐国抗衡。周惠王十年（前667年）夏，郑国表示服从齐国，齐桓公于是又一次与鲁、宋、陈、郑国君在幽会盟。周惠王眼见齐国势大，就派召伯廖赴齐，赐命桓公为侯伯（诸侯之长），此举表示周王室正式承认齐桓公的霸主地位。

莲鹤方壶。春秋青铜制盛酒或盛水器。壶盖顶部饰双层莲瓣，中立一鹤。纹饰写实生动，突破了商周传统青铜器艺术狞厉、威严的风格，而成为春秋时期时代精神的反映。战国以后，青铜壶盖以立鸟为饰的渐多，立鹤方壶为此类器物的已知最早实例。

周王子颓作乱

周惠王时期，王室贵族内部矛盾尖锐，子颓是周庄王宠妾王姚之子，颇受庄王庞信。庄王派大夫国为子颓的师傅。周惠王继位以后，先后占取芳国的园圃饲养野兽，强取周大夫边伯献靠近王宫的房

凤衔斤杖首，春秋礼器。斤为长方形，刃部圆钝，尾呈双翅状。下部呈扁圆筒，内残留朽木。制作精致。

舍，夺取周大夫子禽祝跪和詹父的田地，收回膳夫石速的俸禄，引起芳国等五大夫的强烈不满，就与贵族苏氏暗相预谋。周惠王二年（前675年），芳国等五大夫事奉子颓起兵攻打周惠王，兵败后，逃到温（今河南温县南），苏氏跟随子颓逃到卫国。卫燕两国军队攻打成周，驱逐周惠王，并在此年冬天拥立子颓为周天子。

周惠王三年（前674年）春天，郑厉王试图调解周王室纠纷未果，便将周惠王带回郑国。至秋天，周惠王和郑厉公攻入邬（今河南偃师县南），又攻入成周，取成周金器而回。王子颓占据王城，尽情享乐。郑厉公和虢公林父一起商议如何使周天子复位。周惠王四年（前673年）春天，郑厉公和虢公召集诸侯在弭（今河南密县境）待命。到夏天，郑厉公和虢公林父率兵共伐王城（今河南洛阳旧城西部），杀王子颓和芳国等五大夫，周惠王终于复位。

为表酬谢，周惠王将虎牢（今河南荥阳汜水镇）以东赐给郑厉王，又将今陕西东边的酒泉赐予虢公。从此王室的领地更加狭小。而郑国不甘心屈居齐桓的霸业下，力图有所作为，正好借此机会干预王室事务，谋取霸主地位。

齐桓公伐楚

周惠王二十一年（前656年）春天，齐率诸侯共同伐楚。到夏天，楚国派大夫屈完到诸侯国军队营地议和，双方各自退兵。

周惠王五年（前672年），楚成王即位，国势得以不断壮大。成王先后灭掉了申、息、邓等国，多次伐黄、伐隋，气势逼人，意图北上称雄。郑国畏惧于楚国强大，准备依附楚国。

楚国的北进，直接威胁到中原各诸侯国的利益，特别是作为华夏各国盟主的齐国更加不能容忍。为了对付楚国咄咄逼人的攻势，齐桓公一面加强中原诸侯的联盟，一面分化楚之盟国。周惠王十八年（前659年），齐桓公召集鲁、宋、郑、曹、邾等国诸侯商议援助郑国。去年（前657年）有江、黄两国背弃楚国而与齐桓公结盟于阳谷（今山东阳谷县北）。这样，齐、楚两大强国就处于直接对抗的局面。

本年春天，齐桓公率领齐国及宋、卫、陈、郑、鲁、许、曹共八国军队讨伐新近倒向楚国的蔡国，蔡军不敌而溃，诸侯联军进而南下伐楚，直抵楚国边境。楚成王眼见中原诸侯联军声势浩大，便派遣使者去质问桓公："齐国与楚国相隔遥远，风马牛不相及，不知道您带领大军到我们这里来有何目的？"管仲答道："我国先君受命辅佐周王室，楚国没有丝毫贡物献于王室；周昭王南巡，又死于汉水，因此来问罪楚国。"楚使只承认不纳贡品的不是，不承担昭王之死的责任。齐桓公于是率诸侯联军进军到陉（陉山，楚之北塞，今河南漯河市东），双方军队在此相持不下。

到了夏天，楚成王见诸侯联军没有退却的迹象，便派大夫屈完到联军请求停战和谈。齐桓公带联军退至召陵（今河南偃城东），排开强大的阵势，然后带屈完去观看，炫耀地说："率领这样强大的军队去打仗，有谁能够抵挡？用这样强大的军队去攻城，有什么样的城市不能攻克？"屈完回答说："倘若您以德行去感召诸侯，谁会不钦服？倘若您以武力来威胁我们，那么我们将以楚国长城和汉水作为屏障坚守到底，联军兵再多，恐怕也没有用。"齐桓公听了屈完之言，知道很难使楚国屈服，便在召陵与屈完签订盟约修好，双方各自退兵。

秦穆公任用百里奚、蹇叔

周惠王二十三年（前654年）晋灭虢、虞，将虞大夫百里奚作为秦穆公夫人的媵臣（男子之陪嫁者）派到秦国。百里奚逃亡到宛（今河南长葛北），被楚人捕获。秦穆公听闻百里奚贤能，想用重金赎他，又怕楚国人知道了不答应，于是用五羖（黑色公羊）羊皮赎他回来。这时百里奚已70多岁，秦穆公和百里奚相谈了三天国家之事，非常高兴，将管理国家的重任委托给百里奚，号称"五羖大夫"。百里奚相秦后，向穆公推荐他的朋友蹇叔，说：蹇叔贤能，世人不知。我曾经想投靠齐君无知，蹇叔阻止我，使我逃脱了齐国之难；我曾想投靠周王子

灞桥。在今西安市东，横跨在灞水上，是历史上一座富有诗意的古桥。春秋初期，秦穆公与东方诸侯争雄，改磁水为灞水，并建了桥梁。历代屡建屡毁至今。灞桥是东出长安的必经之地，人们送别，至此留步，早在汉代就有了折柳赠别的习俗。图为灞桥原貌。

颓，蹇叔阻止我，使我逃脱了周的灾难；我投靠虞君，蹇叔阻止我，我不听，于是逃不过虞的灾难。我两次听从蹇叔的话，得以逃脱灾难，一不听他的话，马上就遭了难。由此可见蹇叔是多么贤能。秦穆公听后，马上派人以重金迎请蹇叔，加封为上大夫。

秦穆公锐意强国，任用百里奚、蹇叔后，秦国日渐富强。因此也有人把秦穆公作为"春秋五霸"之一。

管仲谏止齐桓公封禅

周襄王元年（前651年，齐桓公三十五年），齐与诸侯以及周王太宰周公在葵丘结盟。齐桓公以为称霸天下的大业已成，便准备封禅（封：登泰山祭天；禅：在梁父山祭地）。管仲列举古时神农、炎帝、禹、汤等封禅者，告诉齐桓公只有受天命拥有天下的人才可以封禅。桓公认为自己九合诸侯，一统天下，和受天命拥有天下的人无异。管仲知道很难用言语劝服齐桓公，就答应可以张罗此事，又说：以往封禅，要收集东海比目鱼、西海比翼鸟等天下吉祥之物；如今凤凰麒麟不来，嘉谷又不生，

图为本世纪50年代大修后的灞桥新貌。大修时在原来的67跨桥墩上加固，因而桥墩数量和外型基本没有改变。

野草蒿莱丰茂，鸱枭数次飞来，想封禅，恐怕不可以吧？齐桓公终于放弃了封禅的想法。

齐桓公主持葵丘之会

姬阆（周惠王）晚年，想废掉太子郑而改立王子带，太子郑求助于齐桓公。齐桓公会八国诸侯于首止，明确表示对太子的支持，姬阆因而不敢废太子。周惠王二十五年（前652年）年底，姬阆死，太子郑担心其弟带争位，密不发丧而求助于齐。周襄王元年（前651年）正月，齐桓公率领诸侯与周之卿大夫结盟于洮（今山东鄄城西南），太子即位为襄王，然后发丧。同年（前651年）夏，齐桓公召集鲁、宋、卫、郑、许、曹等国诸侯以及周王室的太宰周公在葵丘（今河南兰考县东）相会，订立盟约。

盟约的主要内容有：1.不要废嫡立庶，以妾为妻；杀不孝的人。2.要尊重贤士，养育英才，表彰有德行的人。3.敬老慈幼，照顾宾客行旅。4.用人唯贤，国君不得专断独行。5.各国间要有难互助，不要禁止邻国采购粮食；不要堵塞河流，以邻为壑。此次会盟誓词所揭示的精神意在维护宗法制度嫡庶的大小，意在发扬周文化尊贤崇德敬老慈幼的精神，意在阻止国际间的垄断与竞争，缓和情势，以谋合作。

姬郑（周襄王）感激齐桓公的恩德，特意派宰孔到葵丘把祭肉赐给他。宰孔说，周天子祭祀文王、武王，派我把祭肉赐给伯舅。齐桓公正准备下阶跪拜，以表示感谢，宰孔忙说，还有下面的命令，天子派遣我说，因为伯舅年纪大了，特加上功劳，赐给一等，不用下阶跪拜。管仲劝说齐桓公这样不可，所以齐桓公回答说，天子的威严不离开颜面咫尺之远，我岂敢受天子之命而不下拜？于是，齐桓公下阶跪拜，然后才登上台阶接受祭肉。

此年秋，齐桓公和诸侯又在葵丘盟誓。誓辞说，凡我同盟之人，既盟之后，言归于好。在葵丘之会上齐桓公高举"尊王"的大旗，对周天子表示了特别的尊敬。

尽管他年事已高，却坚持用跪拜的大礼接受天子赐与的胙肉。齐桓公九合诸侯，以葵丘之会为最鼎盛。葵丘会盟是齐桓公霸业鼎盛的标识。

齐桓公去世·齐国大乱

齐桓公九合诸侯，一匡天下。随着霸业的成就，他逐渐骄傲起来，自以为诸侯谁都不可违背他，功业可比三代受天命。桓公晚年，易牙、竖刁等小人因为玩弄手段得以晋升重用，受到桓公的宠爱。周襄王七年（前645年），管仲及贤臣隰朋相继逝世，桓公不听管仲临终的遗言，重用易牙等人，政事渐趋昏乱。

齐都遗址。山东省淄博市在西周至战国时期曾为齐国都城。经近年考古发掘，发现多处城墙与宫殿遗迹，以及春秋时期的墓葬。

齐桓公好女色，多内宠，有夫人3人，宠妾6人。3夫人均无子而宠妾则各有子。开始，桓公与管仲商议，立公子昭为太子，其他5位公子本来就不服。管仲死后，桓公又改主意想立公子无亏，答应改立他为太子，这样就使诸公子都起了觊觎之心，人人争位。

　　周襄王九年（前643年），桓公病重，5位公子各自网罗党羽，准备争夺君位。及桓公死，5位公子互相攻伐，易牙与寺人貂勾结宫人而杀群大夫，立公子无亏为君。太子昭奔宋。因为内乱，桓公的尸体放在床上无人过问，尸体腐烂，臭气薰天，蛆虫一直爬出到房间的外面。直到67天以后才得以殡葬。周襄王十年（前642年），宋襄公率诸侯的军队平齐乱，以此立太子昭。齐人杀公子无亏。其余4位公子再次作乱，抵挡宋军，宋军打败了他们。太子昭于是登位，这便是齐孝公。齐乱才平息。

晋惠公背信弃义

　　晋惠公姬夷吾生性残暴多疑，为自己的利益常常背信弃义、恩将仇报。晋惠公之前，晋国的晋献公宠幸妃子骊姬，想立她的儿子奚齐为太子。结果，太子申生自杀，公子重耳逃往翟国（今山西临汾北），公子夷吾也远走梁国（在今陕西韩城南）。前651年。晋献公去世，荀息遵照其遗愿立公子奚齐为君，大臣里克等人不服，谋杀了奚齐。荀息又立奚齐的弟弟悼子为君，里克再次杀掉悼子，荀息也死去。里克派人迎请公子重耳回来，打算拥立他，重耳坚辞不就，请求另立其他公子。于是，里克派人去梁国把夷吾接了回来。吕省、郤芮认为，晋国还有其他公子，必须借助大国的力量回国，方可使他们听命。夷吾遂派郤芮向秦求助，并许诺说："如果秦国帮助夷吾入主晋国，晋国即将河西之地割让给秦国。"同时，又写信告诉里克，事成之后即将汾阳一带（在今山西静乐西）土地封给他。秦穆公旋即派部队护送夷吾。齐桓公得知此事，也派兵前往晋国，并让隰朋（桓公佐辅）与秦一同送夷吾前往晋国。夷吾回国，得立为君，这就是晋惠公。

晋惠公即位后，并不是马上践行诺言，感谢恩人，而是忘恩负义，以怨报德。他背弃了与秦国订立的河西之盟，拒绝将土地割让给秦国，导致两国结怨。不仅如此，他考虑到公子重耳在外，担心里克再度拥立他，甚至残酷地杀害了里克。

黄太子伯克盆。黄国位于今河南境内，前648年为楚所灭。

周襄王五年（前647年），晋国发生饥荒，遂派人到秦求购粮食。秦穆公向臣下征询意见，秦大夫子桑和百里奚主张援晋。百里奚说，天灾流行，总会在各国交替发生。救援灾荒，周济邻国，这是正道。丕豹建议秦穆公乘机攻打晋，秦穆公认为，秦虽厌恶晋君，但晋国百姓并无罪过，应帮助他们渡过灾荒。于是，秦把粮食源源运至晋国。运粮的船队从秦都雍（今陕西凤翔县南）到晋都绛（今山西翼城县东南）接连不断，时人称之为"泛舟之役"。前646年，秦国发生大饥馑，于是向晋国乞援粮食。然而，晋惠公再一次以怨报德，不准向秦国出售粮食。晋惠公的这种顽劣品性，直接导致了秦晋韩原之战和晋文公的崛起。

晋文公安定周室始作霸主

子带是周惠王宠子，周襄王之弟。与戎、狄早有联系。周襄王三年（前649年），他召集成周附近的戎人攻入王城，焚烧都城东门。次年秋，子带逃奔齐国。周襄王十四年（前638年）秋，周大夫富辰建议周襄王将子带召回。子带遂返回京师，受封于甘（今河南洛阳市南）。子带回周以后，与狄女隗氏通奸，襄王遂废除隗氏的王后之位。当初受襄王指派与狄人联系的周大夫颓叔和桃子，奉事子带攻打周襄王。周襄王侍卫准备抵御，襄王不允，自己离开成周，到达坎颉（今河南巩县东南）。但是，都城民众不答应，又将襄王接回。此年秋，颓叔和桃子奉事子带，领狄军进攻成周，周军大败，周公忌父、原伯、毛伯、富展等贵族大臣被俘。周襄王离开成周，逃到郑国的氾（今河南襄城县南）。子带和隗氏住在温（今河南温县西南）。冬，周襄王派使臣到鲁国报告祸难说，寡人缺乏德行，获罪于母亲的宠子子带。现在我僻处在氾地，谨以

兽头陶范，山西侯马古代晋都遗址出土。这里出土有大量精美的铸铜陶范，证明这里曾大批铸造过青铜器。

此报告。周襄王又派周大夫简师父、左鄢父分别到晋国、秦国报告,以争取其支援。鲁僖公二十五年(前635年)秦穆公率军驻扎在黄河边上,准备送周天子回朝。狐偃认为,晋要得到诸侯拥护,没有比勤王更见效的了。既可以得到诸侯信任,又合乎大义。继续晋文侯的事业,宣扬信义于诸侯,在于能否争得勤王首功。晋文公命卜偃占卜,得黄帝阪泉之战的吉兆;又命占筮,也是吉兆。于是晋文公辞退秦军,顺流而下。三月十九日,晋军驻扎在阳樊(今河南济源县东南),晋军右翼部队包围温,左翼部队迎接周襄王。四月初三,周襄王返归王城。然后,从温邑擒获子带,把他杀死在隰城(今河南武涉县境)。子带之乱至此以文公纳襄王结束。

周襄王十七年(前635年)晋文公诛杀王子带,护送周襄王返回都城,勤王有功,周襄王设宴款待,并允许晋文公向自己敬酒。晋文公得寸进尺,请求襄王,自己死后能用天子葬礼用的隧道安葬。周襄王说,这是天子的典章,现在还没有人能取代周王室,使两个天子并存,那样也是您所不喜欢的。周襄王宁肯损失土地,也不愿损害周礼,他将阳樊、温、原、攒茅等地的田地赏赐给晋文公。晋人开始开辟南阳(今河阳新乡一带)的疆土。阳樊人不服,晋国军队将阳樊包围,阳樊人苍葛厉声说,德行用来安抚中原国家,刑罚用来威慑四方夷狄。你们这样做,我们岂能降服?这里都是天子的亲戚,能像对待俘虏那样对待他们?晋文公听后,认为是君子之言,遂解除对阳樊的包围。国人闻知,亦深为感戴文公。

周襄王十九年(前633年),楚国围攻宋国,晋文公攻打楚的卫星国曹、卫二国以救,晋楚爆发城濮之战。晋纠合宋、齐、秦等国的军队战胜楚国。战后,文公设立了他不能享有的三军,图谋称霸。第二年,晋大败楚国,晋文公将战俘及战利品献给周室,以求封赏。周天子派钦差大臣王子虎封晋文公为侯伯(诸侯首领),并赐给他侯伯应当享受的礼遇。晋文公欲擒故纵,再三辞谢,而后才叩首受封。周室为此还专门作了一篇《晋文侯命》以颂其功。文公受封之后,又增设了三军,公开僭越天子之位。晋文公自此开始了霸业。

晋文公去世

晋文公，名重耳，晋献公子，母为狄族狐氏之女，有贤行。周惠王二十二年（前655年）因骊姬之乱，出奔至狄，后又辗转齐、曹、宋、郑、楚、秦等国，在外颠沛流离达19年，直至周襄王十六年（前636年），秦穆公发兵助重耳归晋为君。

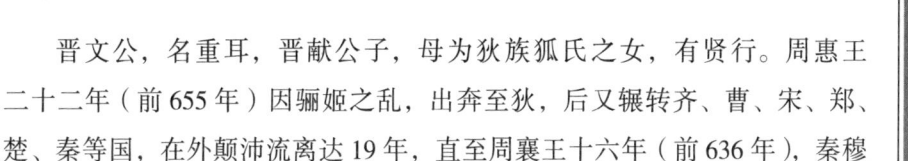

晋文公即位以后，内平吕郤之乱，修改政策，施惠百姓，增长国力。外谋霸权。晋文公元年秋天，狄与王子带攻周襄王，襄王逃汜（今河南襄城南），襄王十七年（前635年）四月，晋文公收留周襄王，杀王子带，襄王归周。襄王赐宝器、土地予文公，以其为方伯。晋文公四年（前633年），楚成王及诸侯围宋，宋有德于晋文公，晋伐卫、曹以解宋围，宋围得解，后又设计使卫、曹背楚，楚将子玉盛怒之下，不听楚成王言，率兵击晋师，四月，晋、宋、齐、秦合兵于城濮大败楚军。五月，晋献楚俘于周，周天子命晋侯为伯，作《晋文侯命》，晋文公正式称霸于诸侯。周襄王二十年（前632年）冬天，晋文公会诸侯于温（今河南温县西），又派人召周襄王至河阳（今河南孟县）。随后文公率诸侯朝见襄王，在践土会盟（今河南厚阳西南）。晋文公以诸侯召襄王，是对周王室的大不敬，但也表明晋文公的霸业达到前所未有的地步，晋文公在成就霸业的同时，开始报复流亡期间待之无礼的诸侯国，晋文公五年（前632年），晋伐卫，分其地予宋。同年，晋伐曹，俘虏曹共公。晋文公七年（前630年）九月，晋国联合秦国，举兵伐郑，晋文公强迫郑国立公子兰为太子才退兵。在经济上，晋国向各小国征收贡赋，而且贪求无厌。

晋文公在位9年，于前628年去世，年70。晋文公在短时间内成就霸业，联秦抑楚，要挟周天子，其辉煌性胜于齐桓公。但晋文公不像齐桓公以德服人，建设性也不如齐桓公。

秦穆公厉精图治称霸西戎

秦穆公礼贤下士，千方百计罗致人才。百里奚本虞国大夫，虞败而被囚于楚，穆公知其贤而设法将他赎出，并授以国政；由余乃晋人，亡入戎，穆公知由余贤，设计使他弃戎入秦事穆公。

秦国在建国以后的50多年中，疆域始终局限于歧西之地。其后，宪公和德公两次迁都，疆土迅速扩大，一直至于雍（今陕西凤翔）。至宣公时，影响已及黄河西岸。秦穆公好胜图强，甫即位即致力拓展疆土，扩大势力。即位之初，他就讨伐茅津（位于今山西、陕西交界一带）之戎，灭掉梁、芮等小国，同时，他又助晋惠公返晋得位（前650年）。中期，他以武力将陆浑之戎迁至伊州，将其原居地瓜州一带并入秦土，使其疆域及于黄河以西。这期间，他又以武力送公子重耳返晋（前636年）即位为晋文公，进一步扩大了秦在晋的影响。

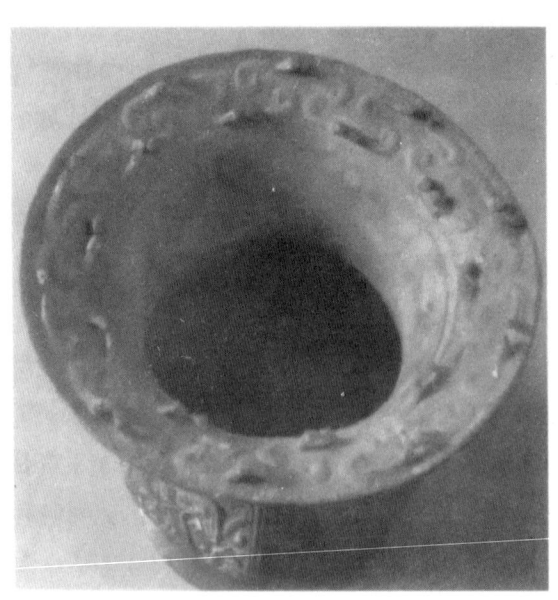

春秋时期桑蚕纹尊，敞口，束颈，腹下部鼓出，圈足较高。颈部饰三角变形云纹和锯齿状纹。腹部饰四片桑叶，桑叶上布满蠕动着的小蚕，圈足上有锯齿状纹。口沿布满两个或三个一组头竖立着的幼蚕，形象十分生动。此尊应是春秋时期越人的制品。

自得百里奚、由余等贤臣相助，秦穆公更是四处扩张。周襄王二十八年（前624年），秦穆公以孟明视为统帅攻打晋国，以报殽之战（前627年）之仇。孟明视因为屡战屡败，幸得穆公信赖才再度领军，故他率军渡黄河时，烧掉渡船，决心死战以报君恩。两军相交，秦军攻取晋国之王官（今山西闻喜县西），并推近到晋都郊野。

　　晋军坚守不出，秦军从茅津（今山西平陆县境）渡过黄河到殽（今河南洛宁县西北），为殽之战中死亡的秦军将士尸骨封土并树立标记，然后率军返秦。次年，穆公用由余之计，选送16名女乐给西戎王，戎王沉溺女乐，国政自衰。秦乘机攻伐西戎，大获全胜，将西戎十二国并入秦土，增加了纵深千里的土地。周襄王得知，派吕公过恭贺穆公，授之以铜鼓。秦遂称霸西戎。

楚庄王问鼎中原

　　周匡王五年（前608年）秋天，楚庄王以陈、宋叛楚附晋为由，率军伐陈、宋。晋国知道消息，亦出兵。晋赵盾率军与宋、陈、卫、曹的军队在林（今河南新郑北）会合，准备讨伐郑以救陈、宋。楚芦贾率军救郑。两军在北林（今河南郑州市东南）相遇，双方展开大战。结果，楚军战胜晋军，晋大夫解扬被俘。

　　周定王元年（前606年）春，楚庄王率军讨伐陆浑之戎（今河南嵩县及伊川县境），到达雒水，在周朝境内陈兵示威。周定王派大夫王孙满慰劳楚庄王。楚庄王问起九鼎的大小轻重。王孙满回答说："鼎的大小轻重在于德而不在于鼎本身。从前，夏朝正是有德的时候，把远方之物画成图像，让九州之长进贡青铜，铸造九鼎，并把图像铸在鼎上。所以，各种东西都具备在上面，便于让百姓认识神物和恶物。因此，百姓进入川泽、山林，就不会碰上螭魅魍魉等鬼怪。夏桀昏乱，鼎就迁到了商，前后六百年。商纣王暴虐，鼎又迁到了周。德行如果美善光明，鼎虽然小，也是重的。如果奸邪昏乱，鼎就是很大，也还是轻的。上天赐福给明德的人，都有一定期限。周成王把九鼎定在郏鄏，占卜的结果是传世三十代，享国七百年。这是上天之命。周朝的德行虽然衰减，但天命并未改变。鼎的轻重，是不能询问的。"楚庄王听了王孙满的一番言语，知道周在诸侯中还有相当影响，所以不敢轻率攻周，于是引兵返归。

鼎是古代国家权力的象征，楚庄王问鼎，有取代周室之意，"问鼎中原"成语源于此。

晋悼公恢复霸业

周灵王七年（前565年）五月，晋悼公为继续晋文公的霸业，召集鲁、郑、齐、宋、卫、邾等国在邢丘（今河南温县东）相会，晋国提出朝聘的财礼数字，让诸侯国大夫听命。郑简公亲自听取命令，而且奉献伐蔡所得的俘虏。

楚灵王灭陈蔡·谋取霸业

周景王七年（前538），楚王会集诸侯到申（今河南巩县东北）。曹、邾用国内有祸难来推辞，鲁昭公用祭祖来推辞，卫襄公用生病来推辞。六月十六日，楚灵王和蔡、陈、郑、许、徐、滕、顿、胡、沈、小邾等国诸侯以及宋太子佐、淮夷相会。椒举对楚灵王说，诸侯只归服于礼，霸业的成功与否，都在这次会见。夏启有钧台之享、商汤有景亳之命、周武王有孟津之誓、周成王有岐阳之搜、周康王有酆宫之朝、周穆王有涂山之会、齐桓公有召陵之师、晋文公有践土之盟。君王打算采用哪一种？楚王采用了齐桓公的方式。楚王和诸侯结盟，之后渐露出骄傲之色。

周景王十一年（前534年）四月，陈国发生争立之乱，公子招与公子过杀掉太子偃师，立公子留为太子。哀公此时有病，闻讯大怒而欲杀公子招。公子招于是发兵攻哀公，哀公自杀。公子招遂立公子留为国君，同时派使者赴告于楚。而哀公的另一个儿子公子胜也来到楚国，向楚灵王揭露公子招及公子过杀嫡弑君的经过。灵王早有并陈之心，于是乘机杀掉公子招派来之使者，九月，派王弟公子弃疾率楚师围陈，楚师攻破陈都，遂灭陈。楚灵王以陈地为县，命楚大夫穿封戌为陈公。

楚灵王灭陈以后，又筹划灭蔡。

周景王十四年（前531年）三月十五日，楚灵王设宴招待蔡灵侯，却在暗中埋伏了甲士。待蔡侯酒醉，伏兵突起，擒蔡侯及其随从。四月七日，将蔡灵侯和随从全部杀死，藉口是蔡灵侯在12年前犯有弑父之罪。同时，灵王命公子弃疾率师围蔡。晋国闻讯，派使者到楚国交涉，为蔡求情，楚灵王不听。十一月，经过长期的攻打，楚军终于攻破蔡都。其后蔡国与陈国同时复国。

周景王十五年（前530年），楚灵王伐徐至乾溪（今安徽亳县东南），意满志得，问齐、晋、鲁、卫受封时都得了宝器，唯独我没有，如今我派使节到周室求鼎，它会不会给我呢？析父答：如今周室和齐、晋、鲁、卫都归服和事奉于你，对你唯命是从，岂敢不给你鼎呢？听了析父一番话，灵王更加骄傲了。周景王十六年（前529年）春，灵王还在乾溪寻欢作乐，灵王弟弟公子比杀灵王的太子而自立为王，并对楚王左右的人说：国已有主，先回来的得到原来的爵邑田室，后回来的只能迁往别处。于是众人都弃楚王而去。灵王听闻太子被杀，悲痛得从车上跌了下来。灵王一个人留在山中，饥饿得起不了床。芋尹申无宇之子申亥觉得灵王有恩于他父亲，于是找到了落难的楚灵王，将他接回家中。同年，楚灵王在申亥家自缢而死，申亥安葬了他，并让两个女儿殉葬。楚灵王谋取霸业的宏愿，也随之烟消云散。

专诸刺吴王僚·吴王阖闾即位

吴王诸樊死时遗命王位继承兄终弟及，以使幼弟季札最终能够即位。周景王十八年（前527年），吴王夷末死，应由季札继立，季札坚辞不就，结果夷末的儿子僚即位为王。诸樊的儿子公子光不服，暗中打算夺位。

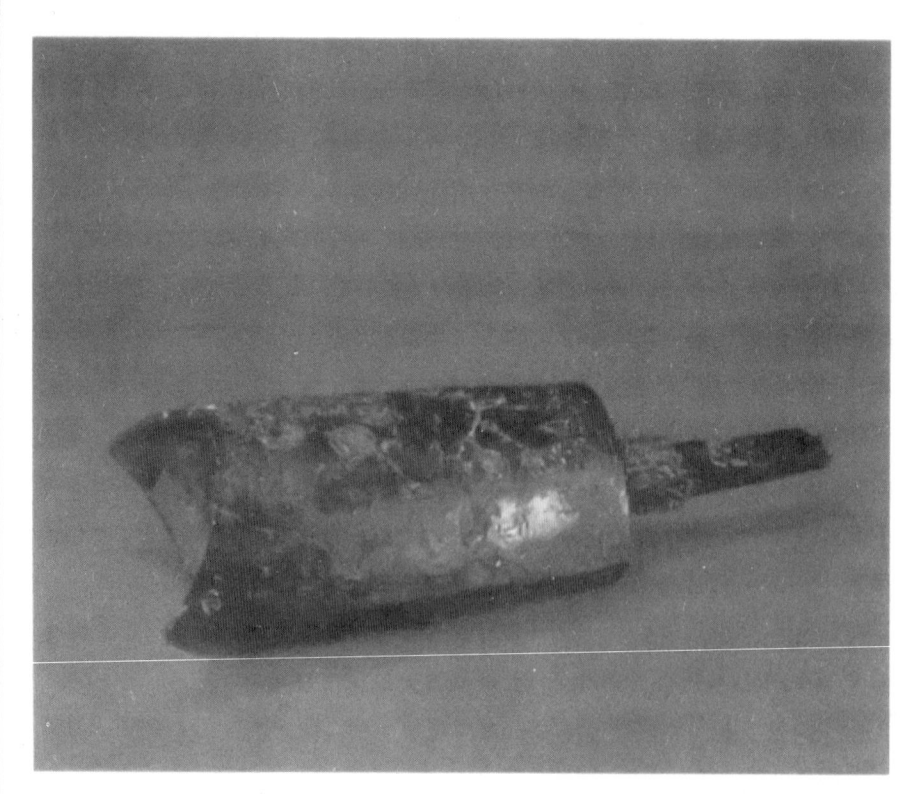

配儿句鑃。器主配儿，当是吴王阖闾初立太子，夫差之兄。

汉墓石画专诸刺吴王僚图

周敬王五年（前515年）吴王僚派两个弟弟公子掩余、公子烛庸率吴军围攻楚的潜（今安徽霍山县东北）邑，被楚阻截而进退两难。吴公子光认为，这是图谋杀王大事的良机。他与勇士专诸谋刺吴王僚，于是专诸将老母亲、弱子托付给公子光，自己冒死去刺杀僚。

此年四月，公子光先在地下室埋伏甲士，然后设享礼招待吴王。僚让甲士披甲坐于道路两旁，一直排列到大门口。大门、台阶、里门、坐席上，都是僚的亲兵。亲兵手持短剑，卫护在僚两旁。端菜的人要在门外先脱光衣服，换穿别的衣服，才能进门。进门后要膝行而入，被持剑的亲兵用剑夹着，剑尖快要碰到身上，然后才递给上菜的人。一切布置好以后，公子光假装有脚病，躲进地下室。专诸把剑放在鱼肚子里，然后进入，抽出剑猛刺僚，杀死了僚，两旁的短剑也交叉穿进专诸的胸膛。吴王僚死后，公子光继位，即吴王阖闾。

吴王阖闾攻越·战败而死

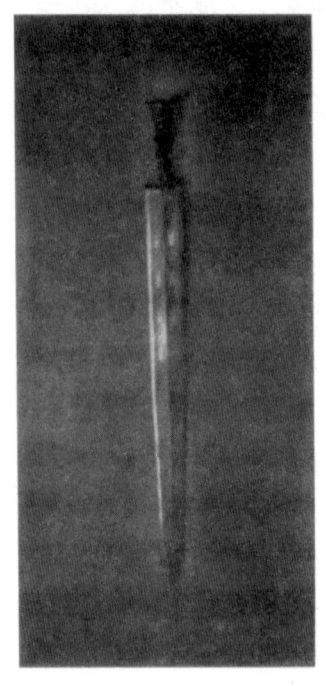

周敬王二十四年（前496年），吴王阖闾听闻越王允常死，便兴兵伐越。越国新君勾践率兵抵御，在槜李（今浙江嘉兴县南）摆开阵势。勾践担心吴国军阵严整而无隙可乘，便派敢死队前去冲锋，吴军阵脚不动。于是勾践又命罪犯排成三行，在阵前把剑放在自己脖子上说："两位国君出兵作战，下臣触犯军令，在君王的队列之前丢丑，所以不敢逃避刑罚，谨自首而死。"于是都自刎而死。吴军都惊异地观看，勾践乘机下令攻击，大败吴军。越国大夫灵姑浮甲戈击中吴王阖闾，击断了阖闾脚趾，还捡获阖闾一只鞋，吴军败退途中，阖闾死于距槜李仅七里之遥的陉地。

吴王阖闾是最后一位无争议的霸主，但其势力远不及前几位。真正的霸主实际上只有齐桓、晋文。吴越兴起于春秋末期，春秋霸主争夺战已是强弩之末，新的势力、制度已经开始兴起。

越王勾践剑。剑身有菱形暗纹，格上花纹嵌蓝琉璃及绿松石。出土时插在素漆木鞘中，颈上缠有丝绳。全长55.6厘米，近格处铭"越王勾践自作用剑"两行8字。此剑出于楚墓，在墓主骨架左侧，作为随身佩剑。剑至今锋利，光泽夺目，堪称吴越名剑之代表作。

吴师破越·勾践卧薪尝胆

周敬王二十四年（前496年），吴王阖闾战死。夫差即位，誓要报仇。周敬王二十五年（前495年），夫差任命大夫伯嚭为太宰，向他学习战射，要雪耻樵李之战之辱。

周敬王二十六年（前494年）春，吴王夫差为报父仇而率军攻越，在夫越（今浙江绍兴北）打败越军，越军退守会稽山（今浙江绍兴东南）。越王勾践率披甲持盾的5000名士兵守卫，同时贿赂吴太宰嚭而求和。越国又给夫差进献美女，太宰对夫差说：只要越国臣服就可以了。伍员认为不妥，说："越国与我国世代为仇，现不灭越，以后必然后悔，勾践是贤能之君，又有文种、范蠡等良臣辅助，如果让他们返回越国，必有后患。"此时，夫差有志向北方扩土。不纳伍员之言，与越媾和。

勾践与范蠡作为人质留在吴国。卑事夫差，而把治理国事之政交给文种。

勾践在越三年，到周敬王二十九年（前491年）吴王夫差赦勾践归国，他苦心积虑，立志报仇雪恨。为了磨砺志气，不忘屈辱，他把苦胆挂在室内，吃饭之时一定要先尝苦胆。睡觉时候身下垫着木柴，以使自己警惕，不得居安忘危，丧失报仇雪恨的决心。他亲自与百姓一起共同耕作，让夫人织布裁衣，食不加肉，衣不饰采，与民同甘共苦。经过长期的艰苦奋斗，"十年生聚，十年教训"，越国终于从失败中重新崛起。

周敬王三十八年（前482年）夏，越王勾践乘夫差远出，以大军攻吴，越以精兵4万，近卫亲军6000分两路伐吴。越大夫畴无馀、讴阳率师从南方先抵吴国都，吴王孙弥庸、王子地出击，胜越师，俘获无馀及讴阳。越王勾践率大军复至，大败吴师，俘获吴太子友及王孙弥庸等，破吴都。夫差归国派人求和，越王答允。

周元王四年（前473年），勾践再次大举攻吴，击败吴军。囚吴王夫差于姑苏山。吴王夫差派公孙雄往见勾践请和，勾践不许，再次进兵吴，勾践请夫差居甬东。与三百家为其服役以终享天年，夫差谢曰："吾老矣，不能事君王！"遂自杀。此后，周元王封勾践为伯，即诸侯之长，勾践遂称霸于诸侯。

吴王夫差鉴

此鉴方唇束颈，腹下敛，平底。两侧明兽首耳，前后两面饰伏兽。腹饰浪花状变形蟠螭纹带。吴王夫差于前495年即位，至前473年国亡自尽。此器自河南传出，当时河南为晋地，是吴亡后吴人奔晋时所带去的。

此器制作精美，是春秋晚期吴越青铜器中的精品，在造形上体现了中国雕塑艺术的进步，器两侧各有一兽首环耳。在两耳间，又有两虎前爪抓住口沿作欲饮状，伏腰卷尾，形象生动。此鉴造型雄伟、稳重、浑厚，艺术性甚高。

鉴内壁上有铭文十二字曰："吴王夫差择厥吉金，自作御鉴。"文字优美，春秋时期的书法出现了因地域而风格各异的现象，东南方各国的铜器铭文都有美化的趋向，或作鸟虫书，或作蝌蚪书等。而《攻吴王夫差鉴》却作瘦长体，字形、笔划不加修饰。文

吴王夫差鉴铭文。春秋时期的书法出现了因地域而风格各异的现象，东南方各国的铜器铭文都有美化的趋向，或作鸟虫书，或蝌蚪书等。而吴王夫差鉴却作瘦长体。文字显得质朴规整，线条均匀，起止尖锋。字距、行距较大，布局疏朗，已具后来小篆的雏形。

字显得质朴规整，线条均匀，起止尖锋。字距、行距较大，布局疏朗。已具后来小篆的雏形。

夫差进军中原·伍员净谏而死

吴王夫差二年（前494年），夫差为父王阖闾报仇雪恨，举兵伐越，越国大败，越王勾践求和。夫差不听从伍子胥不可留后患的劝谏，听太宰嚭之言，同意越国的求和。

七年，夫差趁齐国大臣作乱，准备出兵北伐齐国，争霸中原。子胥认为越王勾践食不甘味，吊死问疾，收服民心，此人不死，必为吴患，现在越是吴国心腹之疾，不先灭之，反去伐齐，是很荒谬的。吴王不听，伐齐，大胜，于是从此疏远子胥。前488年，吴王夫差在鄫（今山东枣庄市东）召鲁哀公来相会，又派人往鲁求取百牢，以供宴礼之用。按周礼，周王会诸侯，宴礼十二牢。夫差之举显然是欲打破周制，显示势力。后因鲁国执政大臣季康子派子贡向太宰嚭以周礼婉拒，百牢之宴才取消。

吴王率军占据齐、鲁南部，同年九月，又为驺伐鲁，与鲁结盟而还。夫差十年，吴军班师回国。次年，吴王又打算北伐齐国，子胥又谏，吴王不听，派子胥出使齐国，子胥观夫差行为，知吴国必亡，就把儿子留在齐国，只身一人回吴国继续为吴王效力。而这时吴王率军伐齐失利，撤兵回国。太宰嚭与子胥早有冲突，乘机谗毁子胥。吴王夫差便赐子胥自刎。子胥仰天长叹：我使你父王称霸诸侯，又冒死相争使你被立为太子。你继立为吴王时，曾想将吴国分

凤纹尊，春秋中期容酒器。

封于我，今天怎么反而去听谗臣之言而杀长者！越国亡吴国为时不远了。

子胥既死，吴王夫差于十三年（前483年），召鲁、卫之君会于橐皋（今安徽合肥东南）。十四年春，吴王夫差北会诸侯于黄池（今河南封丘南），立意保全周室，称霸中原。七月，吴王与晋定公争为盟长，各不相让。吴国声威震中原，成为五霸之一。

后夫差闻勾践率越师破吴都，乃让位于晋侯，回师复国，霸业消亡。至二十三年（前473年），越终灭吴，夫差自杀而亡。

勾践伐吴

越王勾践十五年（前482年），吴王夫差率师北上，以会北方诸侯，留太子友、王子地等守国。勾践见吴国内空虚，遂发兵5万进攻吴国，吴军大败，六月二十二日吴都也陷于越师之手，吴太子友被俘。吴人赶到黄池向吴王夫差告急，夫差于盟誓之后回师复国，一面又派人送上厚礼向越王勾践求和，越王考虑到一时还不能灭掉吴国，于是许和。四年之后，越国愈发强大，而吴国则由于连年征战，精锐之师在与齐国作战中损失殆尽，士兵百姓皆疲敝至极。越王勾践于是乘机伐吴，败吴军于笠泽（今江苏苏州南）。夫差二十年，越王再次伐吴，连续征战三年，吴军彻底战败。越王勾践将吴王置于姑苏之山，吴王夫差派公孙雄向越王请求赦免吴国，如吴赦越。勾践欲许之而范蠡谏止，终不赦免吴国，夫差自杀，越遂灭吴。

勾践灭吴之后，又率兵北渡淮水，与齐、晋诸侯会于徐州（今山东微山东北），又献贡物于周室。周元王赐命吴王勾践为侯伯。勾践以淮上之地予楚，归吴所侵宋地于宋，予鲁泗水东地百里。当时，越兵横行于江淮，诸侯毕贺，越号称霸王。

勾践灭吴·夫差自杀

前494年，吴败越后，越王勾践卧薪尝胆，抚恤国民，寻机报仇。前482年，夫差在黄池（今河南封丘南）会集北方诸侯，把精锐部队带走，只留下老弱留守。越国趁机发兵五万多进攻吴国，大败吴军，杀吴王太子。夫差收到报告后，请人以厚礼向越请求和解。越王觉得现在还没有力量灭吴，就答应了请求。四年之后，越国更强大，而吴国因为连年征战，精锐人马多死在齐、晋，士兵和人民都十分疲惫。越王勾践率兵讨伐吴国，大败吴军于笠泽（今江苏苏州南）。前476年，越再次伐吴，越军围吴国三年，吴军被击败。越军将夫差困在姑苏山（今江苏苏州西南）。夫差派公孙雄肉袒膝行请求和解，而勾践不许。越灭吴后，越王勾践请吴王夫差到甬东（今浙江舟山岛普陀北）居住，并给他三百夫妇，

战国武士靴形钺。器作靴形，平刃，銎为椭圆形，銎侧有一环纽。正面一绳索圈内铸一人。在其左右有一些不知名图案。背面有六人。图案与纹饰具有春秋战国时期南方越族文化的鲜明特点。

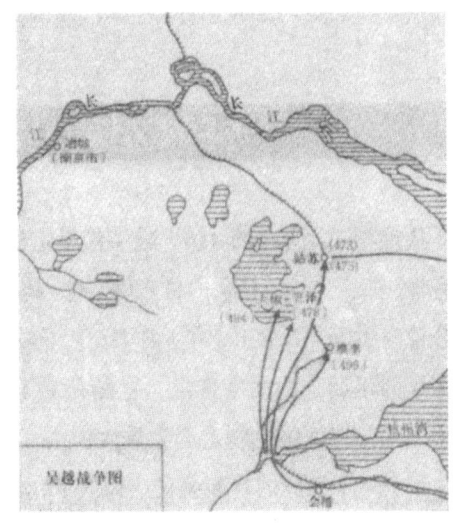

吴越战争图

使他可以终老，夫差拒而自杀，临死前遮住面，说无颜见伍子胥。

前473年，越灭吴后，勾践率兵北渡淮水，与齐、晋等诸侯会于徐州（今山东微山东北），向周进贡。周元王派人赐胙，并封勾践为伯。越成为当时大霸。

赵桓子自立

周威烈王元年（前425年）赵襄子去世，其弟赵嘉逐献侯自立，为赵桓子。

赵襄子是开创赵国的一位重要人物。他欲传于其兄伯鲁之子代成君，代成君先死，襄子又取代成君之子浣立为太子，赵襄子死后，浣继立，为赵献侯。赵国内部实质上存在着两大派势力，一派势力是赵襄子旧臣而拥立赵浣为献侯者；另一派势力是赵襄子之弟赵嘉。赵嘉驱逐赵献侯而自立，称为赵桓子。

赵桓子即位不久即死去。赵人认为赵桓子继位并非赵襄子本意，遂杀死赵桓子之子，复立献侯浣。

魏文侯出兵平晋乱

周威烈王十年（前416年）魏文侯平定晋内乱。晋幽公时，晋国更加弱小，独有绛、曲沃之地，其余的皆入韩、赵、魏3家。幽公反而朝拜韩、赵、魏之君。幽公荒淫无度。周威王十年（前416年），幽公淫于妇人，夜出于邑中，为盗所杀。魏文侯闻讯后，出兵平晋乱，立幽公之子止继位，是为晋烈公。魏文侯是魏桓子之孙，在魏国发展上产生重大作用。魏文侯于周威烈王二年（前424年）继位，和他同年继位的有秦灵公、韩武子、赵桓子。魏国在魏文侯继位的时候，形势并不太好，主要疆域在晋南一带，河西地区为秦所有，遏制着魏的发展。魏文侯十分重视儒家学说，他曾随子夏学习儒家的经典和理论，又非常尊敬贤能之士，魏国力量逐渐强盛。

韩、赵、魏封侯·三晋伐齐

春秋时期，晋国本有赵氏、魏氏、韩氏、知氏、范氏、和中行氏六卿。战国初年（前458年），知氏、赵氏、韩氏、魏氏兼并范氏和中行氏，并瓜分其土地。前453年赵氏、韩氏、魏氏又联合消灭知氏，三分其地。从此，晋国大地为韩、赵、魏三家割据，控制了晋国政权，晋君反朝于三家之君。齐田悼子去世后，田氏发生内乱，三晋乘机向齐发起进攻，企图在中原地区扩大其势力范围。周威烈王二十二年（前404年），三晋联军再一次向齐国发起进攻，一直打到齐的长城处（齐长城，西起防门——今山东肥城西北，

战国前期蟠夔纹敦。盛食器。器腹似鼎，并有鼎状附耳，下承矮圈足。此器形制比较少见，战国三晋地区鼎多矮足，器腹几乎及地，只能实牲而不能烹煮。此为鼎的变形，把三矮足改变为矮圈足，盖隆高可却置使用。

东至琅琊入海），三晋声威一时大振。魏文侯将齐国的俘虏献给天子，天子赏文侯以上卿，属羌钟可能就是这一段史实的记录。周威烈王二十三年（前403年），周天子正式册命韩虔、魏斯、赵籍为诸侯，韩、赵、魏自此成为三个独立的诸侯国。史称"三家分晋"。其中韩国据有今河南中部及山西东南部，国都在阳翟（今河南禹县）；赵国据有今河北省的中部和河南省的北部和今山东部分土地，国都在邯郸（今河北邯郸）；魏国据有今陕西东部、山西西南及河南北部地区，国都在安邑（今山西夏县）。

田氏代齐

经长期发展,田氏终于代姜氏据有齐国。

田氏本是郑国贵族。春秋初年郑国内乱,公子完逃往齐国,被齐桓公任命为"工正"。公子完的后代就是齐国的田氏。齐景公时,田桓子采取各种手段笼络民心,使齐国的大量民众逃往田氏门下。周敬王三十一年(前489年),田桓子的儿子田乞(田僖子)发兵驱逐齐国旧贵族高氏和国氏,由田氏控制了齐的军政大权。齐简公时,田乞的儿子田常与监止任左右相,监止得简公宠信,谋杀田常。在民众支持下,田常以武力取胜。田常(田成子)继续采取小斗进、大斗出的办法,争取民众支持,民间流传着"妪乎采芑,归乎田成子"的歌谣,说明了齐国民心向着田氏。周敬王三十九年(前481年),田成子将出逃的齐简公和监止捉回杀死,将鲍氏、晏氏以及有势力的公族一一诛除。周安王十一年(前391年),田成子曾孙田和将齐康公迁于海上,使食一城,以奉其祀,田和遂有齐国。周安王十五年(前387年),田和与魏武侯、楚人、卫人会于浊泽(今河南白沙水库东),求为诸侯,魏武侯派使臣言于周安王和诸侯,转达田和的请

战国铁胄。甲胄是疆场自我保障手段之一。在冷兵器时代,甲胄的作用明显。甲胄的制造与使用,与生产、战争艺术的发展有密切关系。

战国镶嵌云镜。照容用具。齐国故城出土。

求，周安王许之。第二年，田和正式立为齐侯，列于周室并改元。

齐侯太公田和死后，其子午继位为齐桓公。周安王二十三年（前381年），齐康公贷死，姜齐亡，其奉邑皆入于田氏，至此，田氏代齐才算最终彻底完成。

秦献公改革秦政

周安王十五年（前387年），秦惠公卒，子出子即位。出子年幼，秦国政权实际上掌握于其母亲小主夫人和宦官之手，政治黑暗，秦国内部开始骚动。此时，出奔在魏的公子连（师隰），想重新返回秦国，夺取政权，国内反对小主夫人的新兴势力也期待他回国。他几经周折，从焉氏塞（即乌氏塞，今宁夏固原东南）入境，在秦庶长嬴改策划下，将他接回秦国。小主夫人闻讯，发兵讨伐。但秦国军民反对秦出子母子，在进军途中，吏卒倒戈转而拥护公子连。公子连在军队拥护下回到秦都城雍（今陕西凤翔西南）。小主夫人见众叛亲离，在一片绝望声中自杀，秦出子也被杀，公子连取得君位，是为秦献公。

秦献公即位之初就命令废止已相沿数百年之久的人殉制度。周烈王元年（前375年），秦献公将秦国人户按5家为一伍的单位编制起来，称为"户籍相伍"。这一制度与宗族制不同，大大削弱了人与人的宗法依附关系，促进了生产发展。秦虽非首先实行户籍制度，但秦的户籍制却最严格、最规范，今天我们的户籍制就是这一制度的延续。

秦献公即位后的第二年，命令修筑栎阳（今陕西富平东南）城，并迁都于此。栎阳距魏很近，因为此时河西地区尚为魏所拥有。秦献公迁都于栎阳，主要是从军事需要考虑的，并反映了恢复河西地区的决心。另外栎阳"东通三晋，亦多大贾"，是商业贸易繁盛，往来要冲之地。献公迁都于此，显然对于秦国摆脱闭塞状态是有利的。秦献公还集中推广县制。秦国早在春秋时期就在边远地区设置带有军事性质的县，战国初期又不断增置，如周定王十三年（前456年）设频阳县（今陕西富平东北）、周安王十三年（前389年）在陕（今河南三门峡西）设县。秦献公使县制更为普及，周安王二十三年（前379年），秦献公把蒲、蓝田、善明氏等改建为县，周烈王二年（前374年），秦献公又在栎阳设县。郡县制后来成为我国地方行政制度的核心。

由于秦献公采取了一系列的措施，所以秦的国力上升，使秦国在同三晋的斗争中由败转胜。周显王三年（前366年），秦国出兵向韩魏联军进攻，大败韩魏联军于洛阳，取得首次重大胜利。可以说秦献公是秦国发展史上一位有贡献的杰出人物。

齐威王治齐

齐威王（？—前343年），名因齐，齐桓公之子，继桓公立，治理齐国三十六年，保持其在"战国七雄"中的领先地位。

齐国地处今山东北部和河北东南一带，都城在临淄。太公和是第一代齐侯，太公和之孙齐桓公在临淄的稷下置学官，"设大夫之号"，招聚天下贤士。前379年，桓公卒，齐威王即位。

齐威王初即位，无所事事，不理朝政，让卿大夫恣意妄为，把国家搞得一塌糊涂，田野荒芜，人民贫困，引起国人的强烈不满，到处发生骚乱，而且九年之内，齐国周

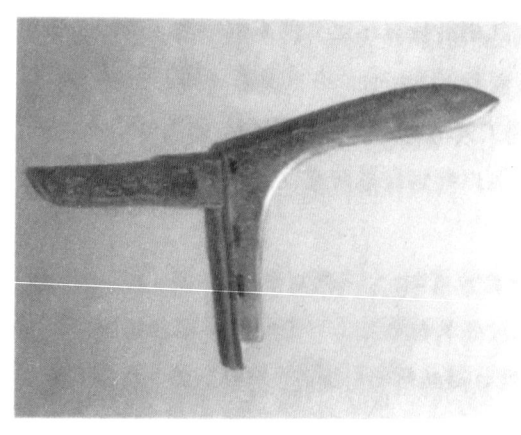

战国中期陈侯因咨戈。陈侯因咨即齐威王因齐，传世器物甚少。

边的各路诸侯相继举兵伐齐，齐国国势日渐衰弱。周烈王六年（前370年），威王猛醒，经明察暗访，洞悉官府吏治弊端，采取强硬措施，严惩贪官污吏，招纳天下贤才，如良吏即墨大夫万家，杀贪官阿大夫及其周围溜须拍马的庸流之辈，任用邹忌、段干明、田臣思、檀子、田盼、黔夫、种首、田忌等治国将才为朝中大臣。前353年，齐国发兵围魏救赵，大败魏军于桂陵，使赵国摆脱困境，齐国国势蒸蒸日上。

战国王字衡杆。衡器。正中有鼻钮，钮下拱肩。略显弯曲，正面贯通上下十等分刻线，背面钮下横刻一"王"字。为中国已发现的最早衡杆。

前341年，齐国又在马陵击溃魏军，魏惠王求和，赵国归还齐国长城。此后各诸侯慑于齐国的威力，二十多年不敢轻举妄动。

齐威王派檀子率军镇守南城，楚人不敢为寇，派田盼守高唐，赵人不敢东渔于河；派黔夫驻徐州；燕、赵惧其勇武，徙而从之者七千多家，命种首惩治盗贼，则道不拾遗，夜不闭户，国内社会秩序稳定，人民安居乐业。

齐威王励精图治，把齐国治理得井井有条，人人尽心尽力，地方官吏兢兢业业，不敢再弄虚

战国中期镶嵌金银镂空网套饰壶。容酒器。颈及圈足饰错金斜方格云纹，肩饰错银斜方格云纹，横箍饰错金流云纹，兽面镶嵌绿松石，衔环饰细如发丝的错金流云纹，立兽通体错金银饰。口沿内有铭文11字，记器的重量和容量。圈足有铭文39字，记壶为齐国陈璋伐燕国时所获。由此可知战国时期燕国青铜艺术的卓越成就。

作假，使齐国的势力达到顶峰，到威王末年，"齐最强于诸侯"。为其争雄斗争中建立了一个巩固的阵地。

秦惠文王威逼六国

秦惠文王杀商鞅，但并没有废除其法律，并继续执行改革，使秦国国力进一步发展，成为比六国更大的一股势力。前337年，秦惠文王即位，楚、韩、赵、蜀等国派使者入秦，朝见新即位的惠文君。次年，周天子派人前来祝贺，其后又派人送来祭祀周文王、武王的胙肉。诸侯及周天子朝贺秦国新即位之君，表明秦国已摆脱被视作夷狄，不得与中原诸侯会盟的卑下地位，以自身的强大，跻身于战国七雄之列，得到与中原诸侯相同的礼遇。

此后，秦惠文王致力扩张秦国的势力和扩大秦国的版图。前335年，秦国伐韩，攻占宜阳（今河南宜阳西）。前333年，秦惠文王任用魏阴晋人公孙衍为大良造，图谋对魏国用兵。两年后（前331年），义渠发生内乱，秦派庶长操带兵前往平定。内乱后，义渠势力转弱。秦国借平定义渠内乱之机，进驻军队，逐渐取得对义渠的控制，使后方得以安定，随后开始对魏国的大规模进攻。前330年，秦国分南北两路向魏国大举进攻，北路由大良造公孙衍统率，直攻魏国雕阴

战国龙凤玉佩。系用五块白玉石分别雕琢成龙、凤、璧环形饰件，共为十六节。其中除有六节成双外，其余多不相同，或大小有别，或形状各异。各节饰件的两面或一面雕有花纹，共雕出三十七条龙，七只凤鸟和十条蛇。以三个椭圆形活环将十六节玉饰连成一串，可摺卷。活环上均有榫头和铜销钉，可以装卸。

（今陕西甘泉南），击败有四万五千人之众的魏军，俘获主将龙贾，攻克雕阴。南路则包围曲沃（今河南三门峡市西南）、焦（今三门峡市西）。魏国迫于军事压力，献河西之地向秦国求和。秦不仅未减缓攻势，反而于次年乘势渡过黄河，攻占魏国的汾阴（今山西万荣西南）、皮氏（今山西河津西）；曲沃和焦也被攻克。秦惠文王威势更直逼六国。

燕昭王求贤

燕王哙于周慎靓王五年（前316年）让位于子之以后，不过三年，燕国形势大乱，太子平谋夺王位，内部混战，齐国见机侵燕，杀燕王哙。赧王四年（前311年），赵国护送燕公子职入燕，是为燕昭王。燕昭王即位后，发愤谋齐，"吊死问孤，与百姓同甘苦，卑身厚币以招贤者"。昭王又问计于郭隗：齐国因燕内乱而破燕，我知道燕国小力弱，凭这些不能够报仇雪恨。然而若得贤士振兴燕国，以雪先王之耻，才能遂我心头之愿啊。希望先生举荐贤士，共谋大业。郭隗应道：王欲尊贤士，可自隗始，贤于隗者必不远千里而至。燕昭王于是为郭隗改筑宫而师事之。在燕昭王的招纳下，乐毅自魏往，邹衍自齐往，剧辛自赵往，贤士争赴燕，为燕国的富强出谋划策。

赵武灵王胡服骑射

赵武灵王雄才大略，即位之后，勤于国政，思光大先王功业，但赵国西有强秦，南有魏、韩，东有劲齐，难以发展；而东北的东胡、北面的匈奴、西北的林胡、楼烦等游牧部族，又经常以骑兵侵扰赵国，破坏边地农业生产和人民生活，迫近赵国腹心地区的中山国也曾倚恃齐国，侵夺赵国领土。赵武灵王决定趁中原地区各国互相攻伐之机，向中山国及北部游牧部族地区展开进攻，拓展领土。周赧王八年（前307年），赵武灵王率军攻取中山国的房子（今河北高邑西南）之后，向北打到无穷之门（今河北张北），又折而向西到达黄河边，考察了赵国北面的游牧部族地区，对日后向北拓展领土的作战区域及有关情况作了详细的了解。赵武灵王发现，中原地区普遍使用的车战，在北方山地和丘陵地区并不适用，胡人骑马射箭的作战技术则显示出特有的长处，胡人穿短衣、束皮带、用带钩、穿皮靴的装束，又很利于骑马作战，于是他决定进行军事改革，学习胡人骑射战术以及与之相适应的短衣装束。

战国铜武士俑。整个造型比例适度，发达的胸肌、鼓凸的肌腱，显示了强健的体型。

为推行这项改革，他首先请来大臣楼缓商议，向他分析了赵国的周边形势，认为赵国若没有强大的兵力自救，就有亡国的危险，因此必须学习胡人骑射技术，推行胡服，以增强赵国的军事力量。楼缓表示赞成，但其他大臣们知道后都极力反对。赵武灵王向大臣肥义表述了自己继承先王赵简子、赵襄子抗击胡人、翟人的功业，向中山国及北方开拓领土的志向，说明穿胡服是为了掌握骑射技术，提高赵国战斗力，削弱敌人优势，如此则可事半功倍，不耗尽民力而能光大先王勋业。他对群臣、百姓囿于世俗，不了解自己意图而妄加议论感到忧虑。肥义认为，愚昧的人看到事情做成后才明白，聪明的人却能在事先就看清楚，因此讲究最高德行的人，不必理会世俗乏见；成就大功业的人，岂能与凡人商议？从前尧为了取得成功，曾在苗人中舞蹈；禹为了取得成功，曾在裸国中脱去衣服。俗语说"做事犹豫就不会成功，行动犹豫就不能成名"。他希望赵武灵王坚定决心，不必顾虑世人议论，不要犹豫不决。赵武灵王得到肥义支持，遂坚决在赵国倡行胡服，带头穿上胡人服装，又说服叔父公子成身穿胡服上朝，对封建贵族赵文等人的反对意见严词驳斥，下令在全国推行胡服，并招募士兵进行骑射训练。

赵武灵王的改革很快收到了效果。周赧王九年（前306年），赵北攻至中山之宁葭（即曼葭，今河北石家庄西北）；西略林胡（少数民族部落，分布于今陕西东北部和内蒙地区）之地至榆中（今内蒙古伊克昭盟东部），迫使林胡献马求和。次年，赵再取中山之丹丘（今河北曲阳西北）、华阳（今河北唐县西北）、鸱之塞（又作鸿上塞，今河北涞源南）、鄗（今河北高邑东南）、石邑（今石家庄西南）、封龙（今石家庄西南）、东垣（今石家庄东北），迫使中山国献四邑始罢兵。中山经此重创，不久灭亡了。胡服骑射不仅拓展了赵的疆土、壮大了赵的实力，而且使赵国继晋之后与燕国同为北方民族融合的中心，也为中原的生活方式带来了新的因素。

秦武王举鼎绝膑·秦魏冉平定内乱

秦武王勇武有力，喜好与人较量，大力士任鄙、乌获、孟说都因此被秦武王擢拔为高官。周赧王八年（前307年），秦武王与孟说比赛举赤鼎，折断胫骨，双目出血，到八月即死去，孟说为此被灭族。秦武王娶魏国女子为后，无子。故秦武王死后，诸弟为争夺君位，纷争不已。朝臣和惠文后、武文后等拥立武王同母弟公子壮即位，而芈八子（即宣太后）和她的异父弟魏冉则拥立武王异母弟公子稷即位。这场王位纷争持续三年之久。魏冉一方最终取胜，公子稷成为新一代秦王，即秦昭王。

昭王年幼，宣太后听政，以魏冉（楚人，昭王母宣太后异父长弟）为将军（秦始置将军）以防不测。周赧王十年（前305年），公子壮在大臣及惠文后、武文后支持下，再度与昭王争夺君位，并即位为"季

战国鸟形匜鼎

君"。将军魏冉果断地诛杀公子壮及其党羽，并将武文后逐回魏国，平息了内乱，巩固了昭王、宣太后和自己的地位。

赵武灵王禅位·困死沙丘

周赧王十六年（前299年），赵武灵王为专心致志于军事，完成攻伐中山国及林胡、楼烦，拓展北方领土的大业，决定将王位传给王子何。五月戊申日，赵武灵王在东宫举行大规模朝会，立太子何为王，是为赵惠文王。其时赵惠文王仅十岁左右，故又任肥义为相国，辅佐朝政。禅位后，赵武灵王自称主父，身穿胡服，率领将士到西北夺取林胡、楼烦之地，准备再从云中（今内蒙古托克托东北）、九原（今内蒙古包头西北）径直南下袭击秦国。为了摸清秦国地形，赵主父伪装成使者进入秦国。秦昭王见他形貌伟岸，谈吐不俗，绝非为臣子者风度，仔细询问，方知是赵主父，一朝上下，无不惊愕。

周赧王十九年（前296年），赵主父率军经过五年攻战，灭亡中山国。回国后，论功行赏，实行大赦，又设筵庆功聚饮五日，封长子章于代郡东安阳（今河北阳原东南），号代安阳君。又任命田不礼为安阳君相，辅佐长子章。长子章一向骄奢放纵，田不礼残忍嗜杀而骄傲，将此二人立为封君和相佐，遂埋下日后篡乱之祸根。

周赧王二十年（前295年），赵主父与赵惠文王游览沙丘（今河北巨鹿东南），分住各自的宫室。公子章和田不礼假托主父之命召见惠文王。信期告诉肥义，肥义先进去察看，被杀死。信期随即与赵惠文王一起与公子章交战。公子成和李兑闻讯从国都赶来，调发四邑之军前来平息变乱。公子章战败后逃到赵主父处。公子成、李兑率兵包围了赵主父的宫室，杀死公子章、田不礼，尽灭其党羽。公子成和李兑为捉拿公子章而包围主父宫室，怕赵主父将他们灭族，遂仍然包围主父宫室，命令宫室中人出来。宫中之人闻声都跑了出来。赵主父想出宫而不能，又无食物充饥，只得探鸟巢、掏幼雀以果腹，三个月后终于饿死。

赵武灵王年少即位，能勤于政事，勇于纳谏，尊礼老臣，不图虚名。后来推行胡服骑射，使赵国国力强盛。在他的经略下，赵国经过连年攻战，灭亡中山国，夺取林胡、楼烦部族的大片领土，使赵国成为北方大国，显示了他的雄才大略。

范雎入秦用于秦昭王

范雎，或作范且，字叔，曾改名张禄，魏国人。起初因家境贫寒，为魏中大夫须贾家臣。魏昭王时，须贾出使齐国，范雎随行，在齐滞留数月。齐襄王听说范雎贤能有辩才，派人私赐金和牛酒。须贾闻知，怀疑范雎将魏国隐私告诉齐国，归国后禀告魏相魏齐。魏齐大怒，命舍人拷打范雎，以至击断肋骨，拉折其齿。范雎佯装死亡，魏齐令人用竹席裹卷，丢置厕中，让宾客饮酒醉者溺尿其上，以此惩戒他人不得妄言国事。范雎恳求守厕者相救，并许诺重谢。守厕者便乘魏齐酒醉，请求搬走厕中"死人"，范雎因此得以逃脱。不久魏齐察觉，下令追索。魏人郑安平为范雎改名张禄，携带逃亡。周赧王四十四年、魏安釐王六年、秦昭王三十六年（前271年），秦国谒者王稽出使魏国，郑安平乔扮卫卒，向王稽推荐范雎，又带范雎夜见王稽，深获赏识。王稽便将范雎藏匿车中带回秦

战国镶嵌鸠杖首。鸠杖饰件。鸠鸟形，下有圆銎。鸠伸颈扬首，长尾拖地。鸠身饰由嵌银丝和银片组成的羽纹和云纹。造型生动，制作精良。

国，进荐给秦昭王。

起初昭王不知其贤，让他"待命岁余"。周赧王四十五年、秦昭王三十七年（前270年），秦相魏冉越过韩、魏攻齐国刚（今山东宁阳东北）、寿（今山东东平西南）二邑，以扩展自己的封邑。范雎上书昭王，剖言自己的看法，昭王大为赏识，召见于离宫，以国事求教。范雎认为，秦国地势险固，攻守均利，人民勇而守法，军力强盛，本可轻易称霸天下，如今反倒闭关不敢东向，主要因为相国魏冉谋事不忠，而昭王计虑也有所失。范雎以为昭王的失策在于越过韩、魏而攻强齐，舍近求远，少出师则不足以伤齐，多出兵则国内空虚；而且即便战胜，因为远离本国，也不可能长期据有，得不到实惠。因此，范雎向昭王献策说，不如远交而近攻，得寸土则王之寸土，得尺土亦王之尺土。具体措施是：先使韩、魏两国亲附，掌握天下中枢，以此威慑楚、赵，楚、赵恐惧，将附秦；而齐国惧怕孤立，也会与秦修好，这样，韩、魏两国就能为秦所谋取了。此后秦国诸王都采用"远交近攻"的策略，逐步蚕食各国。到了秦始皇，终于统一全国。

秦王政即位·吕不韦封相

秦庄襄王子楚位三年卒（前247年），子政立，时年十三岁。秦王政于秦昭王四十八年（前259年）正月生于赵。那时其父子楚在赵国当人质，很喜欢吕不韦的爱姬，不韦知道她已有身孕，于是献给子楚。此女怀孕十二月生下了秦王政，政即位年少，委政于吕不韦。那时秦已并巴、蜀、汉中、越宛，有郢，置南郡。北收上郡以东，有河东、太

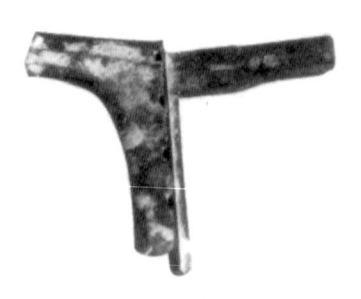

吕不韦少府戈。钩击兵器。为秦王政五年（前242年）秦相国吕不韦所用。

原、上党郡，东至荥阳，灭二周，置之川郡。秦王政尊吕不韦为相国，号称"仲父"。那时食客之风盛行，魏有信陵君，楚有春申君，赵有平原君，齐有孟尝君，皆喜宾客。吕不韦认为秦国虽强，宾客却少，于是广招天下贤能之士，以至食客三千之多。那时诸侯中很多能辩之士，如荀卿等，都著书立说广布天下。吕不韦也让宾客把所见所闻所思著立成书，集有八览、六论、十二纪，共二十多万字，阐述详论天地万物古今之事，名为《吕氏春秋》。书写好后，放在咸阳市门上，并悬千金，诸侯游士宾客中如能增换一字之

战国立凤蟠龙铺首。建筑构件。造型如此巨大的铺首实为罕见，是宫门上的饰物。

人，得千金。由于秦国如此重赏贤能之士，因此秦国很快昌盛，国力强大，成了诸侯之最强国。

秦始皇开创帝制

秦始皇二十六年（前221年），秦消灭六国，统一全国，嬴政更改名号，称始皇帝，开创了帝制。

嬴政认为自己德迈三皇，功过五帝，继续称"王"不足以称成功，于是命令臣下议帝号。丞相王绾，御史大夫冯劫、廷尉李斯等人认为："古有天皇，有地皇，有泰皇，泰皇最贵。"因而尊称嬴政为"泰皇"。嬴政不满，于是把"泰"字去掉，取"皇"，采用上古时"帝"位号，称"皇帝"。又下令取消谥法，自称"始皇帝"，后世依次为"二世、三世至于万世，传至无穷"；皇帝自称"朕"，大印称"玺"，命称为"制"，令称为"诏"。

秦阳陵虎符

　　始皇二十六年（前221年），丞相王绾请封诸皇子为燕、齐、楚王，得到群臣的赞同。廷尉李斯力排众议，主张废除分封制，全面推行郡县制度。秦始皇接受了李斯的建议，把全国分成三十六郡，以后又陆续增设至四十余郡。中央集权的制度从此确立。

　　秦始皇以战国时期秦国官制为基础，建成一套适应统一国家需要的新的政府机构，即三公九卿制及郡县制。在这个机构中，中央设丞相、太尉、御史大夫。丞相有左右二员，掌政事。太尉掌军事，不常置。御史大夫是丞相的副贰，掌图籍秘书，监察百官。丞相、太尉、御史大夫以下，是分掌具体政务的诸卿。

　　地方行政机构分郡、县两级。郡设守、尉、监（监御史）。郡守为郡长官。郡尉辅佐郡守，主管兵事。郡监司监察。县，万户以上者设令，万户以下者设长。县令、长领有丞、尉及其他属员。郡、县主要官吏由中央任免。县以下有乡，乡设三老掌教化，设啬夫掌诉讼和赋税，设游徼掌治安。乡下有里，是最基层的行政单位。里有里典（后代称里正、里魁），以"豪帅"即强有力者为之。此外，还有司治安、禁盗贼的专门机构，叫做亭，亭有长。两亭之间，相距大约十里。

早在秦献公十年（前375年），秦国就建立了以"告奸"为目的的"户籍相伍"制度。秦王政统治时期，户籍制度趋于完备。始皇三十一年更"使黔首自实田"，即令百姓自己申报土地。土地载于户籍，使国家征发租税有了主要依据。

秦始皇统一六国以后，以秦律为基础，参照六国律，制定了全境通行的法律。秦律经过汉朝的损益，成为唐以前历代法律的蓝本。

秦统一了度量衡。前221年，秦始皇颁布"一法度衡石丈尺"诏书应录，规定依秦制划一全国度量衡标准，度量衡器由官府遵诏书负责监制，民间不得私造。凡制造度量衡器，皆需铸刻诏书全义。结束了战国以来度量衡制不一的局面。同时，诏书规定了田亩制度，也结束了田畴异亩的现象。

秦下令废除秦以外通行的六国刀、布、钱及郢爰等。秦制定币制，统一货币，以黄金为上币，以镒为单位，重20两，铜币为下币，重半两，规定珠、玉、龟、贝、银、锡等物只作器饰珍藏，不能充作货币。金、铜货币成为行通全国的法定铸币。

秦始皇还采用了战国时期阴阳家的终始五德说，以辩护秦朝的法统。秦得水德，水德尚黑，所以秦的礼服旌旗等都用黑色；与水德相应的数是六，所以符传长度、法冠高度各为六寸，车轨宽六尺，与水德相应，历法以亥月即十月为岁首，等等。秦设立了中国文明的帝制典范。讲中国历史，绝不能不讲秦，秦的制度决定了汉（甚至魏晋）的文明形式。

秦确实是个暴政王朝，它给当时的人民带来了巨大的苦难，但在文明的发展上，秦作出的贡献比它带来的灾难要多。秦在政治和社会上是战国文明绝对化的阶段。汉代，甚至我们今天所使用的文明形式很多来自秦代。

秦的行政制度是中国历史上最大的进步之一，郡县制和废除分封、消

秦陶量，秦代度量衡器。

秦两诏文空心铜权

灭六国贵族和大工商业主有相当的进步意义。秦的帝国体制是中国社会结构的一大进步，中国文明从此进入了先进的文官制时代，这个时代到现在还未结束。

秦的官营手工业是将工商业专制化，但也是将它工程化，秦汉文明在经济上的高度发达（在当时世界上首屈一指）很大程度上归功于它。

秦的书同文、车同轨、行同伦、统一度量衡不只是专制，更是文明的绝对化，这些文明形式统一于一个形式之中。

这一点在文字上更明显，秦统一六国文字不是个简单的一致化，也是一个升华：小篆是一个古典典范。实际上，在秦代，隶化倾向已经出现，各国手写体也互相靠拢。但秦的官方文字，特别是作为标本颁出的文字小篆在形式上达到了一种高度的形式化，它的平直圆的字体和匀称的结构在今天也很少能有人写得好。它如同一切古典典范一样，在形式上达到了绝对化，从而与一般实用的字体区别开来。在今天，小篆也是用作表示官方、法定意义的古典主义字体。

秦的艺术具有中国文明古典典型的特征。它的宫室（例如阿房宫）、陵墓已不可见，长城则在今天也还被作为中国的象征，这是雄浑品格的见证，它表现了这一时期艺术形式的绝对性和力量的宏大性。

至于当代才发现的秦始皇陵的兵马俑则是战国艺术的绝对化，它应该代表了战国雕塑艺术的最高水平。

秦的制度为汉初所继承。它的政治结构奠定了帝国体制的基础，它的三公、列卿、考课、监察制度在战国时代的小国政治中是不可想象的。它的法律素称严酷，但若一条条考察起来，并不十分不合理，只是惩罚过于严重。它和秦的政治制度一样，不管内容如何，在形式上都是中国法制的代表。

因此总的看来，秦在政治和社会上都将战国文明升华到了一个充分展开的形式化高度。在帝国体制中，各种文明形式得到丰满的表现，并内化于制度中。秦的博士制即使不太成功，也体现了秦人将文化固定化、全民化的努力。

秦始皇焚书坑儒

秦始皇帝三十四年（前213年），秦始皇采纳李斯建议，下令禁止私学，并焚毁《秦记》以外史书和诸子百家著作及《诗》《书》；秦始皇帝三十五年（前212年），秦始皇以方士卢生、侯生诽谤皇帝、妖言惑众为理由，牵连坑杀儒生460多人。这两件事是中国文明史上的一大浩劫，史称"焚书坑儒"。

秦始皇帝三十四年（前213年），始皇在咸阳大宴群臣，博士淳于越指责郡县制，提出分封制的主张。他企图说服秦始皇遵复古法，恢复西周以来的分封制，以使天下太平，并说：做事不遵从古法而又可以长久太平的，简直是闻所未闻！秦始皇将此事交给群臣讨论。丞相李斯以"五帝不相复，三代不相袭，各以治"的例证反驳淳于越，并指责儒生"入则心非，出则巷议""不师今而学古，以非当世，惑乱黔首"，说他们颂古非今，各尊私学，诽谤朝政，扰乱民心。李斯认为古代天下动乱，无法一统，招致诸侯并起，四海分裂，根源在于各种儒门学说和私学的存在，使人心不一。他建议秦始皇消灭私学，除《秦记》之外的史书一律烧毁；除秦博士官所藏《诗》《书》《百家语》等书外，都要将书交到所在郡，由郡守、尉监督烧毁；敢谈论《诗》《书》的斩首弃市，以古非今的灭族；官吏看到、知道而不举报的，

陕西秦焚书灰坑遗址及"坑儒谷"遗址

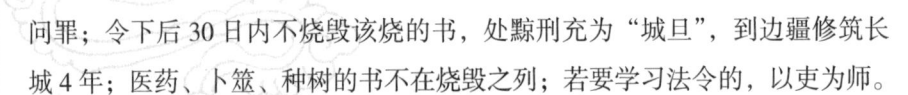

问罪；令下后30日内不烧毁该烧的书，处黥刑充为"城旦"，到边疆修筑长城4年；医药、卜筮、种树的书不在烧毁之列；若要学习法令的，以吏为师。

秦始皇采纳了李斯建议，下令焚书。一时，大量文化典籍被付之一炬。次年，方士侯生、卢生因求仙药不得，两人议论讥讽秦始皇"刚愎自用""专任狱吏"，又指责他"乐以刑杀为威""意得欲从""贪于权势"，不值得为他求仙药，并相约逃跑。秦始皇得知后，非常愤怒，认为卢生等诽谤他，夸大他的过失，而且其他儒生也有妖言惑众之嫌，责令御史审问在咸阳的儒生。儒生们互相揭发，牵连出460多人。为昭示天下，以儆效尤，460多人全部被坑杀于咸阳。始皇长子扶苏对此做法有异议，也被令离开都城，去上郡（今陕西榆林东南）监蒙恬军。

秦始皇焚书坑儒，是秦代"师今"和"师古"两种政治思想斗争激化的表现。它的目的固然是为了加强政治思想统治，打击分裂势力，维护和巩固国家的统一。然而，采用这种残暴手段，不但造成了古代文化典籍的巨大损失，严重摧残了古代文明，而且也开了中国古代封建君主专制制度下专制主义最恶劣的先河。

秦始皇修建阿房宫和骊山陵墓

秦始皇三十五年（前212年），始皇以咸阳人多，先王留下的宫殿小为由，命令在渭河以南的上林苑（今陕西西安西北三桥镇南）营建朝宫（皇宫正殿）。首先建造的是前殿阿房宫。

阿房宫殿堂，东西宽500步（秦制6尺为一步），南北长50丈，殿内可以容纳一万人。殿前建立5丈高的旗杆，宫前立有12尊铜人，各重24万斤。以磁石为门，有怀刃隐甲的人入宫，即被吸止。周围建阁道连通各宫室，其阁道又依地势上达南山（今陕西西安南）。在南山顶，建一宫阙，作为阿房宫的大门，又造复道，从阿房宫通达渭水北岸，连接咸阳，以此象征天极紫宫后十七星横越云汉，达于宫室（二十八宿之一）的天庭。

为修建这一庞大的宫殿，秦始皇下令征调隐宫（施宫刑之所。宫刑畏风，须入隐室，故名）罪人与刑徒七十余万分工劳作（其中一部分被派往修骊山陵墓），北山（今陕西礼泉、泾阳、三原与淳化境内）石料，蜀楚木材，源源不断地运到关中作建筑用。

秦阿房宫下水道

阿房宫建制占地的范围，从咸阳以东到临潼，以西至于雍（今陕西凤翔南），以南抵于终南山，以北达于咸阳北坂，纵横300

西安秦阿房宫遗址

余里。此外，从咸阳到函谷关（今河南灵宝东南）以西，有朝宫300余所，函谷关以东400余所。众多的宫殿一律施以雕刻，涂以丹青，五光十色，五彩斑斓，极其富丽堂皇，气势也很雄伟。

阿房宫耗资极大，劳民伤财。到秦始皇死时，宫殿仍尚未落成，秦二世继续营建。不久后秦朝灭亡，到楚汉战争，项羽入关，烧秦宫室，火一连三月不熄灭，阿房宫随之化为灰烬。阿房宫这组秦朝最大的宫殿建筑群，从陆地上消失，留给后人的仅是遗址。

骊山始皇陵园自秦始皇三十五年（前212年）也开始投入70万人加紧营建，陵东三大从葬坑中布列由步、车、骑诸兵种组成的宏大雄伟的兵马俑军阵。

秦始皇病死沙丘

秦始皇三十六年（前211年），在东郡一带（今河南濮阳西南），有陨石从天而降。当地有人在陨石上刻出"始皇帝死而地分"的字迹，秦始皇知道后大怒，立即派人追查，最终无人承认。于是，秦始皇下令将陨石周围的居民全部捕杀，并烧毁了陨石。这之后，秦始皇仍然闷闷不乐，他令手下的官员作《仙真人诗》，为他歌功颂德、祈祝天年，并传令乐工谱曲歌唱，散发到巡视过的郡县，以镇不祥。这年秋天，始皇使者夜经华阴平舒（今陕西华阴西北）道，有人持璧拦路，对使者说："明年祖龙死。"说完，扔下璧而去。使者捧回玉璧向始皇详细报告。"祖"是开始的意思，"龙"为君主的象征，始皇一听，大为惶恐，赶紧占卜问卦，卦得"游徙吉"。于是迁移3万户人家到北河榆中（今陕西榆林），以应卜辞；又拜爵一级，来增添祥和的气氛。

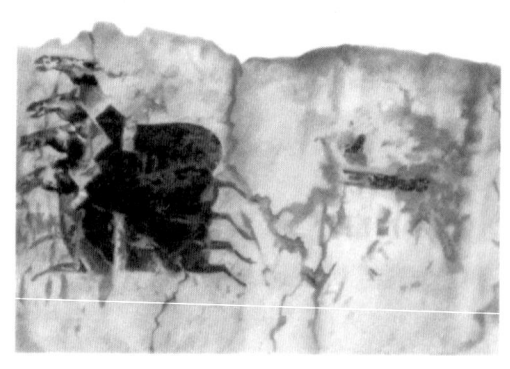

秦绘画车马图。陕西咸阳秦三号宫殿遗址总计发现七套车马图案，每套四马一车。画中奔马前后腿张开并驰，造型生动。壁画内容为秦王出行时的车马仪仗之盛况。这是中国目前发现的最早的壁画。

秦始皇三十七年（前210年）冬，始皇在东巡归途中，来到平原津（今山东德州南）时患病，七月病重，迁移到沙丘（今河北平乡东北）宫颐养。他的病情越来越严重，却又讳言"死"字，随行群臣谁都不敢提到死的事。始皇在病中勉强支撑写下玺书，赐公子扶苏，要他立刻赶回咸阳主持治丧葬礼。玺书写好后封存在中车府，令赵高行符玺事署所，还没有来得及交给使者传送，始皇就死在沙丘平台。丞相李斯害怕国家发生变乱，于是严密封锁消息。

始皇灵柩停在有窗的车内，日常膳食和百官奏事都和往日一样，除李斯外，只有胡亥、赵高和近幸宦官五六人知道始皇的死讯。赵高从小就被阉割作了宦官，深得始皇宠信，因为他精通狱法，被任命为中车府令。始皇在世时曾让他教胡亥断案，因此他与胡亥交情很深。他曾经犯法，蒙恬之弟蒙毅依法判他死罪，后来被始皇赦免，从此，赵高就与蒙氏兄弟结仇。始皇死后，赵高乘机与胡亥、李斯密谋，擅自开启密封的玺书，篡改始皇遗令，另立胡亥为太子，而赐扶苏和蒙恬死，史称"沙丘之变"。扶苏见到假诏后自杀，蒙恬疑心有诈，不肯自杀，被捕下狱后被迫服毒而死。这之后，赵高等人才下令发运灵车，当时正值盛夏，灵车中散出了阵阵尸臭，胡亥下令另载一石鲍鱼以掩盖气味，这样回到咸阳发丧。

太子胡亥在咸阳袭位，这就是秦二世皇帝。

刘邦入关灭秦

秦二世二年（前208年）闰九月，沛公刘邦奉楚怀王之命，率兵西入函谷关（今河南录宝东南），伐灭秦朝。

早在同年七月，农民起义军进攻定陶（今山东定陶西北）失利，西进函谷关又受阻，楚怀王与诸将约定："先入定关中者王之。"由于刘邦待人宽厚，有长者之风，定能得关内百姓拥护，所以楚怀王命他收编陈王胜和项梁的散卒，率部西进入关。

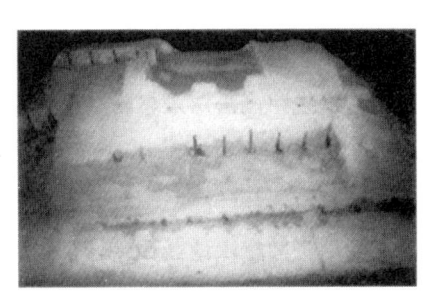

秦咸阳一号宫殿遗址

秦咸阳一号宫殿遗址

十月，刘邦率军攻下成武，十二月领兵抵达栗（今河南夏邑）。第二年春二月，北击昌邑（今山东金乡西北）不克，但收编了来归顺的彭越及千余部众。刘邦转而率军过高阳（今河南杞县西）时，里监门郦食其求见。刘邦素来不喜欢儒术，如有儒生求见，就会抢去他们的帽子撒尿。郦食其求见时，刘邦正坐在床上让两个女子洗脚，郦食其长揖拜后，斥责刘邦对长者无礼，刘邦于是中止洗脚，请郦食其上座，虚心求教。他听从郦食其的计谋，避开秦兵的锋芒，首先攻取了交通要道陈留（今河南开封县东南），获得大批军粮供给。郦食其因此被刘邦封为广野君，他的弟弟郦商率数千人加入刘邦，被封为将。刘邦兵力更为壮大。

三月攻克白马后，刘邦又于四月进占颍川（今河南禹县）。张良率军在此地与刘邦合兵，刘邦留下韩王成守阳翟，自己与张良一同南进。七月，又得南阳（今河南南阳）郡守吕齮投降。一路上，刘邦势力日益壮大，在西进途中所向无敌，先后攻下丹水（今河南淅川西）、胡阳（今河南唐河湖阳镇）及析县（今河南西峡）等。八月，刘邦率数万大军攻克武关（今陕西商南南），屠城后挥师北上，直逼咸阳。

在义军紧逼的情势下，秦中丞相赵高惟恐二世迁怒，称病不朝。秦二世派人捉拿赵高问罪，赵高便与他的女婿咸阳令阎乐、他的弟弟赵成合谋杀了二世，命二世的侄子子婴斋戒五日，准备即王位。子婴了解赵高已与义军有密约，发兵在斋宫诱杀赵高，夷灭赵氏三族，并派兵扼守峣关（今陕西蓝田东南），抗拒义军攻势。

这时，刘邦已经率领数万大军到达峣关南面。依照张良的计谋，义军在山上大量张插旗帜设疑兵之计，张扬声势，并派郦食其与陆贾劝秦将投降，同时，刘邦却带兵绕过峣关，翻越黄山，突然袭击蓝田（今陕西蓝田西），大破南北两面的秦军，于是据守峣关的秦军全部瓦解。前206年，沛公刘邦进驻霸上（今陕西西安东），秦王子婴投降，秦王朝灭亡。

刘邦约法三章

汉元年（前206年）十月，刘邦率军由蓝田（今陕西蓝田西）至霸上（今陕西西安东南）。秦王子婴乘素车、白马，以印绶系颈，封好秦皇帝的玺、符、节等，在轵道（今陕西西安东）旁向刘邦投降，至此，秦朝灭亡。于是，刘邦向西进入咸阳，诸将争先进入金帛财物府库分占财物，只有萧何一人首先进入秦丞相府收缴图籍、文书、律令，并妥为保藏。刘邦由此掌握了全国山川险要、郡县户口、民情疾苦等社会情况，为此后平定天下奠定了战略基础。此后刘邦听从樊哙、张良建议，将大军撤回霸上。十一月，刘邦在霸上召集各县父老豪杰开会，并当众宣布：父老乡亲遭受秦朝苛法残害已经很久了。我曾经和诸侯订立盟约，率先进入函谷关（今河南灵宝东南）的人就封为关中的统治者，因此理当由我统治关中。现在与各位父老约法三章，即"杀人者死，伤人及盗抵罪"。

刘邦进军关中

古汉台。古汉台位于汉中市的东南隅，是刘邦在汉中时的王宫。

其余秦苛法一律废除。于是秦地百姓非常高兴，刘邦也因此奠定了民众基础。

刘邦称帝

项羽兵败在乌江岸边自刎后，刘邦随即平定楚地，不久其他地方也渐渐投降归附。汉五年（前202年）二月，诸侯主都上疏请求尊奉汉王为皇帝。刘邦于是在汜水（今山东曹县附近）之阳即皇帝位，成为西汉王朝的开国皇帝，这就是历史上的汉高祖。尊奉王后称皇后，太子称皇太子。刘邦称帝初期建都洛阳，不久迁都长安。

刘邦分封同姓王

汉高祖六年（前201年）正月，刘邦大封同姓诸侯王以镇抚天下。

西汉初年，出于政治上和军事上的需要，在郡县制外刘邦分封了一批异姓王国，如封韩王信为韩王、彭越为梁王；改封原齐王韩信为楚王、衡山王吴芮为长沙王、九江王英布为淮南王、张耳之子张敖袭为赵王；初封臧荼为燕王，后改封卢绾为燕王等。但刘邦对他们并不放心，因为他们是异姓，是刘汉天下的割据分裂因素，因此，刘邦想方设法剪除异姓王，以同姓子弟为王来取代他们。

"汉并天下"瓦当。汉高祖刘邦初定天下时所造。汉代宫廷、官署等使用的建筑瓦当，多刻文字，并形成了一种独具风格的瓦当文。

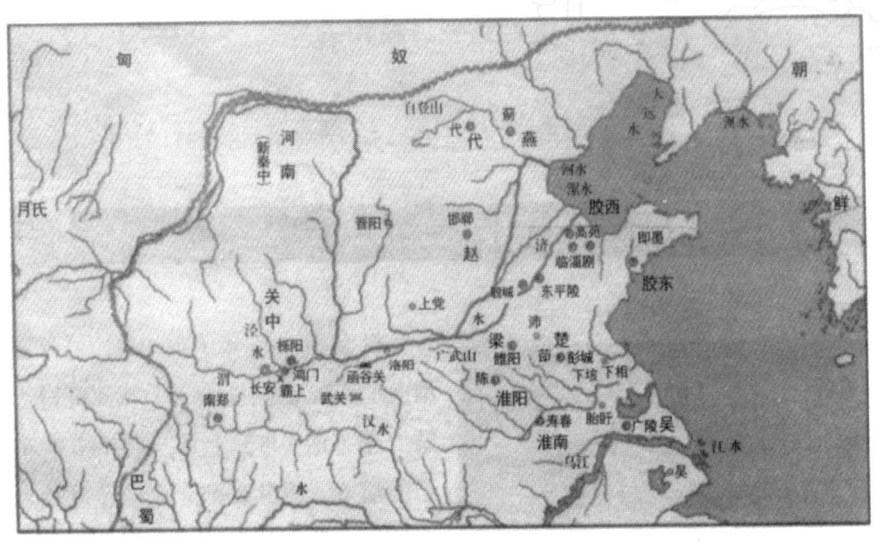

汉初封建图

  他首先以企图谋反罪逮捕韩信，将其贬为淮阴侯。接着又以谋反罪诛杀彭越，并率兵征伐英布，逼使韩王信、卢绾投奔匈奴。尔后以谋反罪废除赵王张敖改任为宣平侯。这样，除国小势弱的长沙王吴芮外，异姓王皆被消灭。随即刘邦以天下刚刚平定，儿子幼小，兄弟少，在讨伐秦朝的战争中又有阵亡等为借口而分封同姓诸侯王以统治关东地区。当时他将楚王韩信的封地一分为二，划分为两个诸侯国：任命从兄、将军刘贾为荆王来统治淮河以东53县；任命弟、文信君刘交为楚王以统治薛郡、东海、彭城等36县。又以云中、雁门、代郡等53县立兄、宜信侯刘喜为代王；以胶东、胶西、济北、博阳、城阳郡73县立微服私访时与别人所生之子刘肥为齐王。同时与众大臣订立盟约，规定今后凡不是刘氏而称王，天下共同征讨。此后刘邦还立刘长为淮南王、刘建为燕王、刘如意为赵王、刘恢为梁王、刘友为淮阳王、刘恒为代王、刘濞为吴王等。到高祖十二年（前195年），刘邦共封刘姓11人为诸侯王。虽然大封刘姓为王加强了中央对地方的控制，但是也为日后诸侯王的叛乱奠定了物质基础。

刘邦作《大风歌》

《刘邦祭礼图》，前195年，汉高祖刘邦经过鲁地，首开皇帝祭孔的先河。

汉高祖十一年（前196年）七月，淮南王英布叛乱，刘邦亲自率军征讨，第二年（前195年）十月，刘邦击败英布的叛军，得胜班师。途中经过故乡沛地，于是在沛宫设酒，与沛地老朋友父老子弟会饮，畅谈过去之事。酒酣乐甚之际，刘邦击筑自作歌诗："大风起兮云飞扬，威加海内兮归故乡，安得猛士兮守四方。"辞意慷慨，表达了刘邦一统天下、功业成就后踌躇满志的心理和居安思危的胸怀。《汉书·礼乐志》称之为《风起之诗》，后世取歌辞首句名之为《大风歌》。唱完《大风歌》后，刘邦还不尽兴又亲自起舞，慷慨伤怀，热泪盈盈，对沛地父老兄弟说：在外的游子对故乡感到悲愤和不平。我是从沛公起家而诛杀暴逆、遂夺取天下的，因此沛地是对我有恩的地方。自今以后免除沛地百姓赋役以作为报答。

刘邦征英布

汉高祖十一年（前196年）七月，淮南王英布起兵反汉，刘邦亲自率军征讨英布。

英布即黥布，秦朝六（今安徽六安北）人，因罪被黥刺面部，故称黥布。秦末起兵反秦，并以兵归附项梁，随项羽北攻赵地，灭亡秦朝。项羽大封天下时他被封为九江王。楚汉相争，英布背叛项羽而归附刘邦，并举兵参与垓下破楚的战斗。后被刘邦封为淮南王。汉高祖十一年（前196年）正月，淮阴侯韩信被诛杀，英布心中惊恐万分。等到彭越被杀，英布十分害怕，同时考虑刘邦年老厌恶战争，肯定不能亲征，以及韩信、彭越已死，其他人不足畏惧等因素起兵反汉。

英布东进击杀荆王刘贾，并劫取其兵，后越过淮河攻击楚国，大败楚王刘交，于是英布再率兵向西进攻。此时刘邦抱病在身，本想派太子刘盈领兵征讨。太子宾客东园公等人请吕后设法劝阻刘邦。不得已，刘邦抱病亲征，率兵东进。第二年十月，与英布军在蕲西（今湖北蕲春西）相遇，双方大战。英布战败，向江南逃跑。刘邦命令各地将士进行攻击。后长沙王吴臣派人将英布引诱到番阳，并将其处死。

吕后临朝称制

自从汉惠帝刘盈应吕后之召去看"人彘"后，看不惯其母的残酷，于是日夜沉缅于酒色之中，不理政事，至惠帝七年（前188年）死于未央宫。由

于惠帝与张皇后没有孩子，于是取后宫美人之子作为惠帝之子立为太子。惠帝死，太子继位，史称少帝。由于少帝年幼，因此由吕太后临朝称制，代行皇帝权力。第二年即高后元年（前187年），吕后想立吕姓为王，遭到王陵等大臣和刘姓王侯的强烈反对。吕后很不高兴，于是剥夺王陵丞相大权，并以亲信审食其控制朝廷。之后，在迫害、消灭刘姓王侯的同时，违背刘邦与群臣"不是刘姓而称王，天下共击之"的盟约，着手分封吕姓为王。她首先追尊其父临泗侯吕公为宣王，兄吕泽为悼武王，以试探朝野反应。不久，吕后又指使大谒者张释风告诉大臣，要求立悼武王长子郦侯吕台为吕王，割齐国济南郡为吕国。吕台死，其子吕嘉继承封爵。

另一方面少帝渐渐长大成人，得知自己不是皇后所生，又听说其生母为吕后所杀，于是宣言："太后怎能杀我母亲而让我即皇帝位呢，我现在年龄尚小，待我长大了即要改变这种情况。"吕后听说后，担心少帝将来报复，于是将其囚禁在永巷中，少帝身边的人不得见面。并且吕后又对大臣伪称少帝病重，难以康复，神智不清，不能理政，应当另立皇帝，群臣畏惧吕后表示同意。

高后四年（前184年）初，废少帝并暗中杀害。五月，立恒王刘义为帝，更名弘。因太后临朝称制，因此不称元年。吕后专权后更大封吕姓为王。六年，废吕嘉，以吕台之弟吕产为吕王。七年，将梁王刘恢改立为赵王，以吕产为梁王。刘恢被迫自杀后，吕后又立其兄之子吕禄为赵王。八年，燕王刘建死，吕后派人杀其子，并立吕台子吕通为燕王。同年七月，吕太后病重，任命吕禄为上将军，与吕产分掌北、南军，控制卫戍京师的军队。吕后分封吕姓为王，破坏了汉朝的根本体制，侵害了功臣集团的利益，也埋下了以后内讧的种子。吕后死后即酿成诸吕之乱。

汉文帝诏举贤良

汉文帝二年（前178年）十一月，文帝诏令天下推举贤良、方正、能直言极谏的人士。

贤良方正即指品行德操出众之人。文帝认为，君主的职责在于养育管理百姓，治理天下，使天下太平在于皇帝一人，皇帝如不能治理好百姓并让百姓过上安稳的生活，那就是很大的过失。因此下诏让天下推举贤良方正、能直言极谏之人，以广开直言之路，发现和补救皇帝在治理国家中的过失。汉朝举贤良方正以此为开端。一般认为，作为选用官吏的中国古代察举制度始于文帝二年的诏令。到武帝时形成了较为完备的选官制度。此后两汉诸帝大多颁行过类似的诏令。文帝通过此一诏令，搜罗了一大批民间人才。作为汉朝补充官员队伍的途径之一。这一措施在其推行的休生养息、稳定社会、发展生产的政策方面发挥了一定的作用。

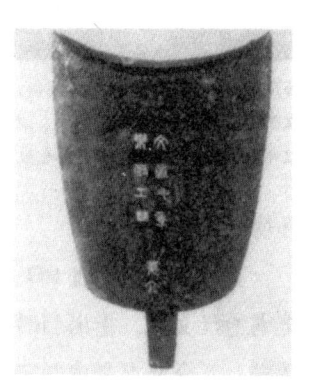

文帝九年编铙

汉文帝除肉刑·改革刑制

战国以后，奴隶制逐步瓦解，封建制开始确立。随着劳役刑制度与赎刑制度的出现与发展，以肉刑、死刑为核心的奴隶制的刑罚体系开始瓦解，以劳役刑为核心的封建制刑罚体系已逐渐发展成熟。中国古代的刑罚制度开始呈现文明化的发展趋向，这是汉文帝除肉刑、改革刑制的历史前提。

秦王朝的刑罚制度，不但种类繁多，结构庞杂，而且以野蛮、残酷著称。汉初为顺应民心，曾下令蠲除秦之苛法严刑。但在汉政权确立之后，为强化统治，又完全采用了秦的刑罚制度。

汉文帝即位后，由于经济发展，社会安定，人民生活也较富裕，犯罪行为减少，官吏执法清明，为改革刑制创造了一个较好的社会环境。

西汉熊足鼎。饪食器，有盖。敛口，鼓腹，双附耳，圜底，下有三熊足。熊作张口蹲立状，全身满刻细密鬃毛纹。

文帝十三年（前167年），齐太仓令淳于公犯罪当处肉刑，他的小女儿缇萦上书给汉文帝，指出当时的刑制断绝了罪人改过自新之路。文帝见书，深有感悟，下令要求御史制定一套新的刑罚制度以替代肉刑。丞相张苍、御史大夫冯敬根据文帝旨意，提出了一套改革刑制的初步方案，以完城旦舂代替髡刑，以髡钳城旦舂代替黥刑，以笞三百代劓刑，以笞五百代斩左趾，而将斩右趾加重为弃市，从而基本上废除了奴隶制下实行了2000多年的惨无人道的肉刑制度。

这一改革，虽然废止了肉刑，但又出现新的问题。斩右趾改为死刑，对犯人来说是加重了刑罚。以笞刑代替斩左趾和劓，但笞数太多，使罪人饱受榜掠，笞未尽而命已丧。这与文帝改革刑制的初衷也是相违背的。这些缺陷的存在促使后来景帝进一步改革刑制。

另外，汉文帝改革刑制时，也同时废止了宫刑。

西汉馆陶家边鼎。馆陶指汉文帝女馆陶长公主。

肉刑是一种残害人的肢体，使人终身致残的酷刑，是奴隶制残余在刑罚制度上的反映。汉文帝能够顺应历史发展的需要，废除肉刑，代之以徒、笞、死刑，使刑罚手段由野蛮残酷变得较为人道，具有进步意义，为中国古代刑罚制度由奴隶制的五刑向封建制的五刑过渡奠定了基础，是中国古代刑罚制度文明化的重要标志。

汉文帝的以废除肉刑为中心的刑制改革，以及后来景帝的进一步革新，使汉代的刑罚制度发生了很大变化。这一时期的刑罚制度正处于由奴隶制五刑向封建制五刑的过渡阶段，从体系上讲，比较繁杂；从结构上讲，也比较混乱，不尽科学、合理。但就刑罚的种类而言，总的趋势是在逐渐向较为轻和简的方向发展。

汉代最重的刑罚是死刑，有"弃市""腰斩""枭首"三种。秦代的各种处死犯人的酷刑已基本废除。文帝以及后来景帝的刑制改革，一方面废除了肉刑，另一方面也使徒刑规范化了。汉代的笞刑可以说是徒刑的附加刑，但从刑等上说重于徒刑。此外，汉代的刑罚还有徒边、禁锢、罚金、赎刑等。

汉文帝去世

汉文帝后七年（前157年）六月，文帝去世。文帝在位23年，终年46岁。遗诏丧事从简，让天下官员百姓悼念3日即释服，不禁婚嫁、祠祀及饮酒食肉，葬于霸陵（今西安西北）。太子启即位，是为景帝。

西汉初年，为稳定政治与社会，发展农业生产，汉高祖、惠帝及吕后都采取休养生息政策。文帝即位后，更倡导以农为本。在位期间，进一

汉文帝像

步推行轻徭薄赋、约法省禁政策。先是减轻田租，由十五税一改为三十税一，甚至曾免收田租12年。又减算赋，将过去百姓年15至56岁，每人每年须交120钱之规定，减为交40钱，徭役也有所减轻，将原来一年一更改为3年一更。文帝还一再下令列侯回自己的封国，以减免戍卒保障供给运输的辛劳。同时，减轻刑罚，废除收孥连坐法和肉刑法。此外对于汉朝边远地区少数民族采取和睦相处政策，与匈奴和亲，柔抚南越。诏举贤良方正，能直言极谏人士，任人唯贤。提倡节俭，在位23年，宫室、园囿、车骑、服御没有什么增加，身穿粗厚的衣物。所宠幸的慎夫人，也衣不拖地，帷帐也没有用文绣装饰，以示敦朴，是为天下

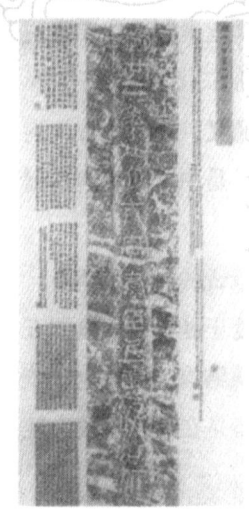

刘恒去世前一年群臣上寿刻石。汉初篆体。

先。修造霸陵时，不用金、银、铜、锡来粉饰，而采用瓦器，顺其山形修造而不起坟。史称文帝时"非遇水旱之灾，则家给人足。都鄙廪庾皆满，而府库余货财。京师之钱累巨万，贯朽而不可校。太仓之粟陈陈相因，充溢露积于外，至腐败不可食。众庶街巷有马，阡陌之间成群"。其推行的休养生息政策，恢复和发展了汉初的社会经济，因而旧史将文帝与景帝时期并称为"文景之治"。

汉景帝即位

汉文帝后七年（前157年）六月，汉文帝去世，刘启即皇帝位，是为景帝，尊皇太后薄氏为太皇太后，皇后窦氏为皇太后。

景帝时继续实行"休养生息"政策，一方面元年（前156年）五月诏令进一步减轻农民负担，重新收取田租之半，三十而税一，自此成为汉朝定

四神青龙纹瓦当。古典大型建筑在构件上设计驱邪的形象，称之"厌胜"。最典型的是使用四神形象。四神也叫四方神，即四种神化了的动物青龙、白虎、朱雀、玄武。

制，从而使农业生产得到恢复和发展，人口逐渐增多。另一方面，景帝时又继续推行减除严刑苛法的措施。元年五月诏令减笞法，规定笞500的减为300，笞300的减为200。中六年（前144年），又下诏减笞300为200，笞200为100，并规定了笞篷的标准等。自此开始，受笞者能够得以保全肢体，缓和了社会矛盾和阶级矛盾。此外，景帝为加强对臣属的约束，元年七月，他认为当时法律条文中关于官吏接受下属贿赂的处罚轻重不当，下诏命令廷尉和丞相重新讨论官吏贪赃的律令，在一定程度上使官吏贪赃枉法行为有所收敛。并且，景帝时还进行"削藩"，平定吴楚七国之乱，把诸侯王任免官吏的权力收归中央，巩固了中央集权。而对于北部边郡的匈奴，继续采取和亲政策，历史学家将景帝统治时期与文帝时期并举，誉称为"文景之治"。

汉景帝刘启像

汉景帝诏谳疑狱

汉景帝中五年（前145年）九月，景帝诏令对案件审判不服者，可以要求重新审判。

刘邦建立汉朝后，引以为诫，全数废除秦严刑苛法，约法三章，并于高祖七年（前200年）诏令御史：案件的审理有疑难的，地方官有的不敢决断，对有罪的人长时间不能定罪，将无罪的人拘留关压起来而不释放等，其实是案件审判人员的失职。今后，有疑难的案件审理，要上报给所属二千石

西汉羽人驸马玉雕。这件玉雕精品，是西汉案头陈设性雕塑的优秀典范之一。反映了当时祈求，幻想升仙的思想风尚。

汉景帝墓出土的彩绘陶俑

官，二千石以其罪名上报。二千石官不能断定判决的案件须移交廷尉，廷尉也应上报。廷尉不能审理判决的案件要具奏皇帝裁决。景帝中五年（前145年）九月，景帝以为制定法令的目的在于禁暴止邪，案件的审理关系百姓生死，死者又不能复生。有的官吏不遵守法令，收受贿赂，狼狈为奸，严刑逼供，使无罪者失去自由，值得同情，而有罪的人又不能认罪服法，理所不该。因而诏令，凡有对案件的审理裁判不服的，可以要求重新审判。景帝后元年（前143年）正月，又下诏重申审判有疑惑的案件。诏令将有疑惑的案件送有司审判。有司所不能裁决的重大案件，则可向上呈报廷尉处理。有要求重新审理而后又觉得不妥当的，也不追究申请审判的人的过失。诏令要求案件审判人员必须首先宽以待人。

汉景帝墓彩绘陶俑出土情景

汉景帝死·汉武帝立

汉景帝后三年（前141年）正月，景帝死，皇太子刘彻继位，是为孝武皇帝。

景帝在位期间继续执行"与民休息"发展生产的政策，封建经济走向繁荣，史书中有"国家无事""海内殷富，兴于礼义"的记载，与文帝统治时期并称"文景之治"，为武帝时期国家的昌盛准备了物质条件。

汉武帝统治时期是中国历史上的一次转变。他在位54年，为以汉族为主体

汉武帝像。汉武帝刘彻，前140年—前87年在位。他当政期间，中国历史出现历时约50年的一个盛世。

的统一的多民族的封建国家的巩固和发展作出了重要贡献。在政治上，武帝颁行推恩令，制订左官律、附益法，实行"酎金夺爵"，基本上结束了汉初以来诸侯王强大难治的局面；并实行一系列打击地方豪强的措施；创立刺史制度，加强对地方的监督和控制；削弱丞相权力，任用酷吏、严格刑法，建立察举制度，设立太学，加强中央集权的统治力量。在经济上，将冶铁、煮盐、铸钱收归官营；设立均输、平准官，运输和贸易由国家垄断，平衡物价；实行算缗告缗，打击富商大贾；治理黄河、广开灌溉，大力兴修水利；实行代田法，改进农具，促进农业生产的发展。在思想上，采纳董仲舒建议，"罢黜百家，独尊儒术"，使加强君主集权，实现大一统的儒家思想成为封建统治思想。在民族关系上，多次派兵反击匈奴，解除了匈奴对北部边郡的威胁；两次派遣张骞出使西域，实现和发展了与西域地区的经济文化交流；又遣使至夜郎、邛、筰等地宣慰，加强对西南地区的控制和开发；还统一了南越地区，设立南海、苍梧等九郡。武帝时期，西汉成为亚洲最富强繁荣的多民族国家，也是中国历代封建王朝中强盛的时代之一。

汉武帝独尊儒术

建元五年（前136年），汉武帝刘彻采纳了董仲舒的建议，独尊儒术。

董仲舒建议变儒家哲学为封建最高政治原理，使之成为衡量文化思想的唯一尺度。他的建议为汉武帝所采纳。从此，儒术从私家学者的书斋走进了太学，太学设五经博士，儒学由一般学说而被尊为经，即：《诗》《书》《易》

《礼》《春秋》五种。在太学里，不同师承的儒家学派，都设一讲座，名曰学官。

儒家学说自从得到政府倡导以后，获得了广泛的传播，两汉400余年，经学大师接踵辈出，疏证训诂，极一时之盛，如：董仲舒、公孙弘、孔安国、刘向、刘歆、许慎、郑玄等。同时，生动的实践的儒学也逐渐变成繁琐死板的经学。一些学子为了官禄，只得寻章摘句，以备射策之用，还有很多皓首穷经者。

汉武帝设博士弟子员

元朔五年（前124年），武帝为五经博士设置弟子员，进一步隆推儒家学术。

武帝兴太学，设五经博士后，又采纳董仲舒建议，为博士官设弟子员50人，由政府提供禄米，供养这些儒士以解释、传播儒学为业，此为博士弟子制度建立之始。

博士弟子亦称太学生、诸生，是汉代太学博士教授的学生。博士弟子免徭役、赋税。来源有两种：一由太常"择民间18岁以上，仪状端庄者"；二由地方官选送"好文学、敬长上、肃政教、顺乡里、出入不悖"者。博士弟子一年一课试，修业年限不定。考试合格者补官，成绩突出者可为郎中。不勤学，考试不及格者退学。

四川省出土的汉代大学授业画像砖。学生手中皆有竹简缀成之教本。

博士弟子人数日增，到成帝时，已达3000人，每年选甲科40人为郎中，乙科20人为太子舍人，因此，太学是汉代培养选拔官吏的重要机构之一。

汉武帝大兴水利

洛河。汉代由长安到钱塘的东西大运河，其重要性及规模并不亚于世界著名的京杭南北大运河。东西大运河开凿的时代，则早于南北大运河一千四百年，它的南段为以后的京杭运河所利用。图为东西大运河中段的洛河遗迹。

武帝时，水利事业蓬勃发展。他们已能有计划地运用多种方法利用自然的水源，控制自然的水源，进行人工灌溉。早在文帝时，就重视兴修水利，蜀郡太守文翁曾引水灌溉繁田千七百顷。武帝大兴水利，如：穿渠引渭水，溉田万余顷；穿渠引泾水，注渭中，溉田4500余顷。还穿渠引汾水、河水、洛水以灌溉各地。朔方、西河、河西、酒泉，都引河或川谷以溉田；而关中，辅渠、灵轵引堵水，汝南、九江引淮，东海引巨定，太山下引汶水，皆穿渠以溉田各万余顷。其余披山通道的小渠更不计其数。最负盛名的则是白渠的开凿，时有白渠之歌曰："举臿为云，决渠为雨，衣食宗师，亿万人口。"由此，我们可以想象当时水利事业的盛况，以及水利事业对于农业生产的益处。

汉武帝巡行天下封于泰山

元鼎四年（前113年）至元封元年（前110年），雄才大略的汉武帝为了体现"皇恩浩荡"而巡行天下各郡国，声势极为浩大。

汉武帝（前156年—前87年）刘彻，前141年即西汉皇帝位，在位时间长达55年。他在加强中央集权、选贤举能、经营疆域，发展儒学等方面均有重大举措，是秦始皇之后又一位具有雄才大略的封建帝王。

和所有的封建帝王一样，汉武帝也喜欢到各地巡游，或为游乐，或为求仙，或为封疆。早在前138年，武帝就经常作小范围的巡行。此后，大规模巡行天下共有三次，分别至郡国、朔方和至海上封禅。

元鼎四年（前113年），汉武帝始巡郡国。首先东渡黄河至河东（今山西夏县），河东太守因不愿武帝驾临而自杀；后又西行至陇西（今甘肃临洮），陇西太守因招待不周，畏"罪"自杀；又北出萧关（今宁夏固原），行猎到新秦中（今内蒙河套及鄂尔多斯），因见新秦中人烟稀少，遂令百姓迁徙于此，以充实边疆，并除其算缗令，促进经济发展。

元封元年（前110年），武帝欲仿照古巡狩行封禅事。是年正月，武帝东巡至海上，寻求长生不老之方。当时齐地方士供出了神怪奇方无数，可全没有应验。因求方心切，武帝甚至令数千人入海求蓬莱神人。四月，武帝再次东巡海上，封泰山下东方，如郊祠泰一之祠；封广丈二尺，高九尺，其下藏玉牒书。如此这般封禅之后，又登泰山封禅，并因此下诏改年号为元封，规定每五年修封一次。

泰石刻石残字

同年十月，汉武帝又北巡，登单于台，抵达朔方（今内蒙杭锦旗北）。这次巡行十分浩大，共有骑兵18万，数千里旌旗漫漫，威震匈奴。并遣使告知匈奴单于，要么速来决战以分胜负，要么不战即速表示臣服于汉。但是匈奴不愿到边地决战，而是遣使要求和亲，以示睦谊。汉武帝没有取得预期结果。

汉武帝屡次巡行各地，从骑动辄数万人，挥霍无度，堪称劳民伤财。巡行可张其国威皇威，但有好大喜功之嫌。特别是因迷信神仙，为方士术数所蛊惑而多次巡游各地，热衷于封禅和郊祀，这不但导致财源匮乏、迷信泛滥，还加剧了阶级矛盾。兴盛之中已经显现了危机的预兆。

汉武帝建造建章宫

西汉太初元年（前104年），武帝刘彻在长安城外、未央宫西侧兴建了大型的建筑组群——建章宫。建章宫周回30里，规模宏大、布局复杂、装修侈靡，规格超过未央宫，而且跨城筑有飞阁辇道，从未央宫直至建章宫。宫外则筑有城垣。

建章宫号称"千门万户"。从正门圆阙、玉堂、建章前殿和天梁宫形成一条中轴线，其他宫室分布在左右，全部围以阁道。中轴线上有多重门、阙，正门是高25丈的璧门，属于城关式建筑。在璧门北边，有高25丈的圆阙，圆阙左有别凤阙，右有井干楼。进圆阙门内200步，就是建在高台上的建章前殿，气魄十分雄伟，比未央宫要高。

"夏阳扶荔宫"砖文。夏阳是韩城古名，扶荔宫是汉武帝时修建的避暑名宫之一。扶荔宫内的遗物。

建章宫东面是高20余丈的东阙，西面是方圆数十里的虎圈，北面有泰液池，池边矗立20余丈高的渐台，池中有蓬莱、方丈、瀛洲三岛，南面则有玉堂等殿。另有神明台、井干楼高50余丈，各处都有辇道相通。其中神明台是祭金人的地方，有捧铜盘玉杯的铜仙人在承接雨露。泰液池则是一个相当宽广的人工湖，因池中筑有三神山而著称。三座山浸在大海般的悠悠烟水上，水光山色，相映成趣；池畔有石雕装饰，遍布水生植物，岸上禽鸟成群，生意盎然，开后世自然山水宫苑的先河。宫内还有占地面积很大的狩猎场，豢养了众多动物。

建章宫的建造，创造出一种将宫殿、离宫别馆及苑囿结合在一起的新型宫苑。而泰液池、"一池三山"的布局，开创了池内筑仙山园艺风格，常为后世皇家苑囿采用，如清代的圆明园，就是一例。

汉武帝刘彻祀神求仙

汉武帝刘彻即位后，受方士们的诱惑，很喜欢祀神求仙。方士请他祭祀泰一，他就命太祝于长安城东南筑泰一坛，每天一具太牢，连祭7天。有人请他祭三一即"天一""地一""泰一"，刘彻又照办于泰一坛上一块设祭。元鼎五年（前112年），刘彻于甘泉立泰畤坛，以白鹿和白牦牛为祭，天子于黎明时行郊礼，对泰一下拜。早晨祭日，黄昏祭月。

元鼎四年（前113年），刘彻巡行到汾阴，筑后土祠，祭礼与郊祀上帝同。于是天地之祀有了固定地点，祭天在国都西北的甘泉，祭地在国都东北的汾阴。

"延年益寿"画像砖

刘彻的求仙大致可分为三部分：其一是召鬼神。如命方士少翁召李夫人魂灵。其二是炼丹沙。如李少君鼓动他以丹沙所变黄金铸饮食器可以长寿成仙。其三是候神。如命公孙卿到名山访仙人，但无法得见，只好在建章宫北的泰液池中筑蓬莱、方丈、瀛州3岛，又雕刻许多石鱼、石鳖排列上面，以自我安慰。

刘彻的郊祀与求仙，对汉代政治生活具有重要影响，甚至古代帝王的年号，也是由刘彻获麟而创始的。元狩元年，他到雍县祀五帝，猎获一白麟，群臣即请定该年为"元狩"元年，即过去18年画为3段，前6年号"建元"，中6年号"元光"，后6年则号"元朔"。

汉武帝颁轮台罪己诏

征和四年（前89年）六月，搜粟都尉桑弘羊向武帝建议：轮台（今新疆轮台）东部有5千多顷土地可耕种，请求派兵驻扎，修筑亭障，移民屯田。武帝不予采纳，反而下诏追悔以往长年征伐，使士兵死亡、妻离子散，至今想起令人心痛。轮台在车师以西一千余里。先前收服车师，因环境恶劣，路途遥远，死了不少人。现在又请求派士兵和百姓到更遥远的轮台屯兵开荒，这不是又要劳民伤财，扰乱天下吗？于是宣布："当今务在禁苛暴，止擅赋，力本农，修马复令，以补缺，毋乏武备而矣。"从此不再用兵。

轮台罪己诏的颁行，标志汉武帝在政策上的根本改变，也对以后"昭宣中兴"局面的出现有积极的影响。

刘玄称帝

刘玄字圣公，南阳人，在绿林、赤眉大起义中加入平林，地皇四年（23年）二月，绿林军发展到十余万人，因军队无统一指挥，想立刘氏为帝，以其皇族威望统率各路兵马。

当时刘縯、刘玄都以皇族身份争夺帝位，刘縯统率舂陵兵实力强大，为一些农民军将领所忌；而刘玄却是只身加入平林兵，势单力薄，因此得到相当部分农民军将领的支持。故而新市、平林、下江各路将帅共同定策，立刘玄为帝。于是，在淯水上，设坛场举行仪式，恢复汉朝，改元更始。

刘秀败莽军主力于昆阳

更始元年（23年），绿林起义军已发展到十多万人，起义军攻南阳、占昆阳（今河南叶县）、下定陵（今河南舞阳），节节胜利。王莽对此惊恐万分，他派大司马王寻、大司空王邑率领各州郡精兵四十二万，号称百万，向宛城进发，妄图一举歼灭起义军。五月到达颍川，与严尤、陈茂的军队会合，然后直逼昆阳，把昆阳城包围起来。城内起义军仅八、九千人，力量单薄，但他们毫不畏缩。首领王凤、王常一面率众坚守阵地，一面派刘秀、宗佻、李轶等十三轻骑乘夜出城到定陵、郾城等搬请救兵。六月，刘秀等人集中万余起义军增援昆阳。援军在距莽军四、五里的地方列成阵势，准备交战。刘秀仔细观察敌军阵势后，决定先发制人。他亲自率领步、骑一千人作为前锋，向敌军猛烈冲杀过去，击溃莽军调来

昆阳之战形势图

迎战的一千余人。首战告捷，将士们大受鼓舞，准备乘胜前进。此时宛城已被义军攻破，但刘秀还没有得到消息。为了鼓舞士气，瓦解莽军，刘秀就制造了攻克宛城的捷报，射入城中，又故意将一些战报丢失，让莽军捡拾。攻克宛城的消息一经传开，城内起义军士气更加高涨，守城更加坚定，而莽军苦战一月，毫无进展，又听说宛城已经失守，士气更加低落。刘秀抓住战机，进行决战。他挑选三千勇士组成敢死队，迂回到城西，出其不意地渡过昆水，向莽军中坚发起猛烈攻击。王邑、王寻见起义军不多，亲率万余莽军迎战，并命令其余各军不许擅自行动。莽军接战不利，大军又不敢擅率相救；王邑、王寻军阵大乱，王寻被杀。守城义军也乘势杀出，内外合击，喊杀声震天动地。莽军全线崩溃，奔走践踏，伏尸百余里。这时又逢狂风暴雨大作，屋瓦皆飞，雨下如注，逃窜的莽军赴水溺死者又有万余人。起义军尽获其辎重，不可胜数。莽军四散逃走，只有王邑带领的长安兵几千人逃回洛阳。

昆阳之战从根本上摧毁了王莽的主力，取得了西汉末年农民起义的决定性胜利。

刘秀巡河北·击王郎、铜马

更始元年（23年）至更始二年（24年）刘秀借更始帝刘玄派他巡河北之际，打垮了王郎、铜马部队，壮大了个人势力。

更始元年（23年）十月，更始帝刘玄不顾一些将领的反对，派刘秀以破虏将军行大司马事的名义，持节渡河北上，镇抚诸郡。刘秀进入河北后，所过郡县考察官吏，黜陟能否，释放囚徒，废除王莽苛政，复汉官名，吏民喜悦，争持牛酒迎劳，但刘秀一概不受。南阳人邓禹追刘秀至邺，进说刘秀延揽英雄，收拢人心，恢复刘氏基业，安定天下。刘秀留下邓禹与定计议。

更始二年（24年）正月，刘秀因王郎新盛，便北徇到蓟，但于二月遭到王郎与前广阳王之子刘接的联合反击。刘秀狼狈南逃，进退失据，直到退至信都后才算安定。既入信都，刘秀便以此为根据地，重新打出大司马的旗帜，号召附近的郡县，募兵四千人。他亲率四千人出击，占领堂阳、贳县。同时又派遣使节，联络王莽的和戎卒正（即太守）邳彤、昌城人刘植、宋子人耿纯，合兵攻陷下曲阳，很快兵力发展到数万人。

刘秀随即带领这些部队北击中山，拔卢奴。同时号召各郡县发兵，共击王郎。郡县也多起而响应。于是连陷新市、真定、元氏、防子等地，接着与王郎的大将李育在柏人发生了遭遇战。正在这个时候，上谷太守耿况，渔阳太守彭宠，各派他们的将领吴汉、寇恂，带领大队骑兵赶来，更始也派遣尚书仆射谢躬带兵来讨伐王郎。于是刘秀大飨士卒，连兵围巨鹿，大败王郎之兵于南䜌，随即进围邯郸，拔其城，捕斩王郎。

刘秀既斩王郎，声势大震于河北。刘玄怕他尾大不掉，便封他为萧王，令他罢兵回到长安。但刘秀自从兄长刘縯被刘玄杀掉以后，即下决心独树一帜，以求实现自己的政治抱负。如今既入河北，又如何愿意再回长安，自投罗网？加之他的部下怂恿，劝他自取天下，于是对刘玄托辞说河北尚未平定，不奉诏命。从此脱离刘玄的控制，而与之对立。

刘秀既然立志创造帝业，所以毫不犹豫地开始了屠杀农民军的行动。更始二年五月，刘秀拜吴汉、耿弇为大将军，持节发幽州十郡突骑以击铜马军。更始帝委任的幽州牧苗曾闻讯，暗中指示诸郡不得应调。吴汉、耿弇便斩掉苗曾，使幽州震骇，迫使诸郡都发兵相助。同年秋天，刘秀亲统大军击铜马于鄡，又命吴汉带领突骑会于清阳。铜马军粮草用尽，乘夜突围。刘秀大军追至馆陶，大加屠杀。正当此时，高潮、重连等部农民军从东南来，和铜马的余部会合，与刘秀大战于蒲阳。结果，因高潮、重连等农民军领袖背叛群众，大部分兵士都被骗而改编为刘秀的创业之军。从此，刘秀便拥有数十万军队，一步步接近了皇帝的宝座。

刘秀称帝·定都洛阳

刘秀，字文叔，南阳蔡阳（今湖北枣阳西南）人。新莽地皇三年（22年），刘秀与其兄刘縯在舂陵起事，聚众约七八千人。不久与平林、下江农民军合兵，想借农民起义力量恢复汉室。第二年，刘秀迫于形势拥立另一皇族刘玄为更始帝，自己任更始政权太常、偏将军。昆阳之战中，刘秀突围召集援兵大败新莽军队，立有大功。更始二年（24年），消灭据邯郸称帝的王郎，被封为萧王。同年秋天，击降并收编黄河以北地区的铜马、高湖、重连等部农民军，实力大大扩充，众至数十万，并基本据有河北之地。至此，刘秀开始脱离刘玄的更始政权，走上与之公开对立的道路。同年岁末，刘秀南下击破赤眉军一部

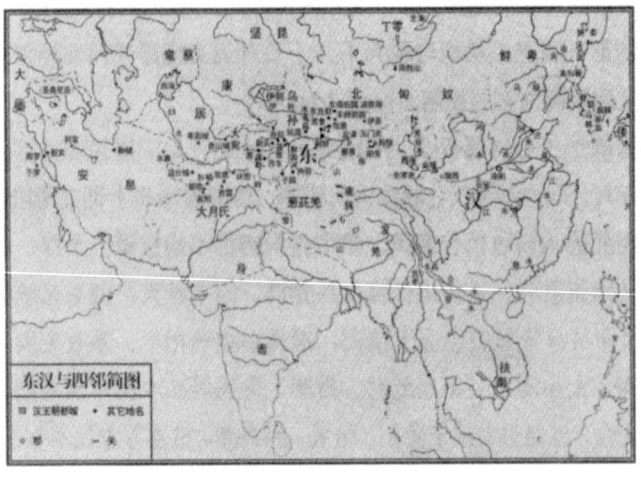

汉光武帝像

东汉与四邻简图

及青犊、上江、铁胫等部农民军，并消灭更始政权驻守河北的谢躬军，又派邓禹西征，乘赤眉军和更始帝军激战之机，从中渔利。更始三年（25年）正月，刘秀留寇恂、冯异等据守河内与更始政权留守洛阳的朱鲔相持，自己统率大军北征，击溃尤来、大枪、五幡等部农民军。四月，回军南下，大败新市、平林两军于温县，击溃赤眉、青犊两军于河南，基本解除了对河北的严重威胁。此时，刘秀手下的将领开始商议为刘秀上尊号，并使人造《赤伏符》以传"天命"，刘秀装模作样"三推"之后，便"恭承天命"，即皇帝位于鄗，改鄗为高邑，自号为光武帝，建元建武。七月，派兵围攻洛阳，十月招降洛阳守将朱鲔，于是定都洛阳，正式建立了东汉王朝。

汉光武帝改置军营

东汉王朝开国皇帝光武帝刘秀（25年—57年在位）为控制地方豪强地主，完善中央集权，对国家的军事体制进行了改革，设置京师军营，削弱地方军队，集军权于中央。京师诸军成为国家对外征战和镇压内乱的唯一军事力量。

东汉王朝是建立在世俗豪族基础上的政权，刘秀本身即南阳大地主。他亲历农民战争，深悉地方势力与中央对抗的后果。东汉初年，有许多拥有武装的豪强地主（称兵长、渠帅），霸占乡土，抗拒政令。如建武初年，赵魏豪右到处屯聚；清河大姓赵细起坞壁，备甲兵，为害一方；北海大姓夏长思囚太守，据城池等等。针对这种兵长、渠帅的嚣张活动，建武十五年（39年），光武帝采取措施削平地方豪族势力，剥夺他们手中的兵力，废除内郡的地方兵，裁撤郡都尉，并其职于太守；取消郡内每年征兵操练的都试，让地方兵吏一律归还民任。废除地方兵后，国家军队指挥权完全集中在中央和皇帝手上，减少州郡豪强掌握本地军队的机会，京师军营的责任日趋重大。

京师军营包括四部分：皇帝的侍卫部队，由光禄勋率领；执金吾统管的警备部队；卫尉执掌的宫城警卫部队及五营兵组成的京师屯兵。各部队的任务和力量较西汉末年发生了改变，其中警备部队和屯兵变化最大。西汉末年失去实权的执金吾（中尉）的权力进一步削弱，不再掌管北军，只负责京都地区的治安。执金吾辖属部队的削弱，改变了传统的南北军制度。北军部队已不是指执金吾所属部队，而是指五营兵组成的京师屯兵。五营兵由屯骑、越骑、步兵、长水、射声校尉统领，受北军中侯控制。五营长官互不隶属，而北军中侯无统兵权，只有监护权。五营兵由西汉七校尉军制演变而来，刘秀建国后，将七部中的虎贲、胡骑并入长水、射声、胡骑校尉所部，遂成为五营兵。五营兵的职责是宿卫京都和保护车驾。

东汉铜出行车马仪仗

由于地方军队因取消征兵制而被削弱，国家遇到战争时，只能依靠京师诸军出征作战。这样做的结果又使京师警备力量遭到削弱。为补救危机，光武帝曾采取应急措施，设置常屯军，合幽、冀、并三州的兵骑千余人，组成黎阳营，屯于黎阳（今河南浚县），在黄河北岸构成洛阳的屏障。除黎阳营外，因镇压人民反抗的需要，内郡地方兵并未全废，有时仍常征发郡兵，由太守或刺史率领作战，内郡的都尉之职也旋废旋置。但是由于内郡地方兵缺乏系统经常的训练，战斗力远不如西汉的正卒、卫士、戍卒，同时刺史、太守领兵，必然导致其权势的膨胀，给东汉后来州牧、刺史割据埋下了种子。这些与光武帝加强专制集权的愿望背道而驰。

光武帝诏州郡检核天下垦田户口

建武十五年（39年），光武帝刘秀因天下垦田多与实际不符，户口、年纪也有出入，下令"度田"。

"度田"，就是从增加政府租税和赋役收入出发，对全国的户口和土地进行清理、核实。因为田税和口钱是政府的重要收入。起初，因军费多而田税征收高达十分之一，后来，屯田增加，战争又少，改为三十分之一。口钱是贫民重大负担，只有弄清天下户口数才能稳定口钱收入。"度田"在执行过程中，遇到很大阻力，

汉代计量衡器。铁尺、权、铜量。

因为此举触犯了地方豪强地主的利益。地方州郡官吏在度田时，不敢得罪豪强地主，对一般老百姓却十分苛刻。比如刘秀见地方官陈留吏的奏牍上写着："颍川、弘农可问，河南、南阳不可问"。刘秀不解，幄幕后十二岁的刘阳（即后

建武十一年大司农斛量器

东汉光和二年大司农平斛量器

东汉建武廿一年乘舆斛量器。有盖，盖顶正中有环，盖面有三卧羊。斛体似盦，腹部两侧有兽首衔环耳，底部以三立熊承托为足。通体鎏金。盘沿下铸铭文六十三字，记述了制造年代、名称、尺寸及工匠姓名等。

来的汉明帝）解释说："河南帝城多近臣；南阳帝乡多近亲、田宅逾制，不可为难。"尽管光武帝刘秀对度田不实的官员进行过严厉的惩处，如处死了大司徒欧阳歙、河南尹张伋及诸郡守十余人，但是豪族地方势力仍千方百计地把负担的赋税徭役转嫁到农民头上，同时以武装抗拒度田，从而加剧了社会的动荡。后来，刘秀采取镇压与分化瓦解相结合的办法，平息了度田引起的骚乱，使官府一年一度的度田和检核户口制度得以实行，有利于赋税、徭役的征调。

光武帝去世

贮藏。汉代休养生息，人民生活富足，汉墓中出土大量陶仓。图为江陵凤凰山汉墓中出土的贮藏粮食的陶仓。

建武中元二年（57年）二月，光武帝刘秀死于南宫前殿，享年62岁。由第四子太子刘庄继位，称为明帝。

刘秀自平民而后成为天子，在尚未统一中国时，就提倡太学，厚赐博士弟子。以后南征北战，推翻王莽新朝，削平割据势力，重建汉家天下。东汉政权建立后，刘秀总揽万机，每天早早起来视朝理政，晚上很晚才回宫休息。有时与公卿、郎、将讲讨经理，直到夜半才睡。皇太子曾劝他爱惜身体，他说我乐于此举，不会为此而感到疲倦。刘秀一生，从善如流，注重吏治，释放奴婢，压制地方豪强，平徭简赋，关注民间疾苦，为东汉经济的恢复和发展起了很关键的作用。同时，还正确处理了与匈奴、乌桓、岭南、西南夷、西域等各民族的关系。死后，遗诏薄葬，以身作则为后世树立崇尚节俭的典范。

汉明帝立学南宫

永平九年（66年），汉明帝刘庄为四姓小侯设立学校于南宫。

明帝刘庄崇尚儒学，自皇太子、诸王侯及大臣子弟、功臣子孙，无不学习经书。为了妥善引导和约束外戚势力，他特为外戚樊氏（光武帝刘秀母家）、郭氏、阴氏（都是光武帝刘秀皇后家）、马氏（明帝皇后家）等"四姓小侯"在洛阳南宫设学校，安排五经师，搜选高贤鸿儒，教授儒家经籍，并命令期门、羽林等宫廷警卫武士也跟着学习《孝经》章句，甚至匈奴亦送子弟入南宫学习。

曹操起兵

中平六年（189年），董卓既专朝政，又拉拢士人为己所用，对在镇压黄巾军中已露锋芒的曹操较为赏识，封他为骁骑校尉。但曹操素有大志，知道董卓倒行逆施，不足以成事，便不受职，变易姓名，从小道逃归乡里。董卓大怒，行文郡县缉拿。逃跑途中曹操投宿故友吕伯奢家，其子五人依礼招待他，曹操却疑心吕家有害己之意，尽杀吕家八口而去。逃至中牟为亭长所疑，带至县府。当时捉拿曹操的公文已到中牟，功曹知道他是曹操，但考虑到乱世中不宜拘天下英雄，便请县令释放了曹操。曹操死里逃生，终至陈留（今河南开封东南）。当年年底，曹操利用在陈留的家财和陈留人卫兹的资助，组织起一支五千人的军队，起兵讨伐董卓。

刘备占据徐州

兴平元年（194年），徐州刺史陶谦病重，嘱其别驾（官名）麋竺迎接刘备继任徐州牧。此前，陶谦因曹操进攻徐州，情势危急，求救于平原相刘备，刘备率兵数千人往助陶谦。陶谦给刘备加兵四千，使他屯军于小沛，并表封刘备为豫州刺史。

开始时刘备还不敢受命，请求改迎袁术。典农校尉陈登和北海相名士孔融认为袁术不是治乱之人，极力劝刘备接受。于是刘备出任徐州牧，得据徐州。刘备由小沛移屯下邳。于是，下邳成为徐州统治中心。刘备占有徐州后，第一次获得了一块立足之地，自己的军事实力也因此而有所扩充。

汉"传舍之印"

孙策入主江东

孙策，孙坚之子，在其父孙坚战死后的第三年（194年），辞母从军，投奔袁术。袁术将孙坚旧部千余人交由孙策统领。不久，孙策脱离袁术控制，率数千将士东征西讨，着意经营江东。建安四年（199年），孙策用计使庐江太守刘勋攻打海昏（今江西永修）的宗帅，自己则与江夏太守周瑜率兵二万乘机突袭刘勋的根据地皖城（今安徽潜山县北），俘获刘勋、袁术家眷及兵将十三万余人。刘勋回军至彭泽，又被孙策的堂兄孙贲、孙辅截击，败逃流沂

（今浙江建德一带），孙策乘势猛攻，刘勋大败，北逃投奔曹操。随后，孙策率军进攻荆州（今湖北襄樊），大破刘表军。又旋即南进豫章郡（今属江西），驻军于椒丘（今江西新建东北），派遣功曹虞翻劝说豫章太守华歆投降。于是，孙策分豫章郡置庐陵郡（今江西吉水东北），以孙贲为豫章太守，孙辅为庐陵太守，然后继续进攻吴郡（今江苏苏州）。孙策先攻破邹伦等部，随之又大破严白虎，杀吴郡太守许贡。至此，扬州六郡中丹杨（今安徽宣城）、会稽（今浙江绍兴）、吴郡、庐江、豫章等五郡均为孙策所有。江东基本被孙策占据。由此，孙策得以入主江东，为随后与魏、蜀鼎足而打下了坚实基础。

曹操击败刘备

建安五年（200年）七月，曹操派大将曹仁击败了刘备。但不久，刘备又占据了汝南郡（今河南上蔡西南），和黄巾军余下的部队龚都等人合兵一处，骚扰袭击曹操后方。当时曹操正在官渡和袁绍主力部队相持不下。曹军从兵力、粮草上明显处于劣势，所以曹操把主要兵马用在对付袁绍上，无暇顾及刘备，便派将领蔡扬进讨刘备。结果蔡扬被刘备杀掉。

曹操取得官渡之战胜利后，于建安六年（201年）九月，亲率大军向刘备发动进攻。刘备深知兵力不敌，弃了阵营，率军投奔荆州（当时治所在襄阳，即今湖北襄樊）的刘表。刘表亲自到郊外迎接刘备，以上宾之礼对待他，又为他补充军队，让其驻屯在新野（今属河南），刘备于是暂时栖身于新野，等待时机。

曹操兴学

建安八年（203年），曹操因为国内连年战乱，学校大多废置，后生已失去仁义礼让之风，于是下令郡国中人学习文学，县满五百户，就要设置校官，选乡里有才华的人教学。同时规定公卿、六百石以上官吏和将校子弟为郎、舍人的，都可以诣博士受业。如果可以精通一部经书以上，就可以由太常分等级授官阶。曹操兴学对汉末教育的发展、文学的发展都起了巨大的作用，尤其是他按所学经书多少授官阶，刺激了全国上下学习文化知识，有利于封建文化的继续发展。

孙权安定东吴

建安八年（203年），孙权西伐江夏太守黄祖时，江东鄱阳等地山越大起，孙权即刻还军平定山越。山越泛指当时居于山谷间的土著居民。孙权命征虏中郎将、荡寇中郎将程普、建昌都尉太史慈分头进讨山越，又派别部司马黄盖、韩当等人扼守山越经常出没的郡县。不久平定了山越。

建安八年冬，建安（今福建东瓯）、汉兴（今浙江吴兴南）、南平（今属福建）等三县百姓起义，各聚众数万人。孙权命令南部都尉贺齐率兵进讨。贺齐使属县各出兵五千人，由各县县长率领，由自己统一调遣。贺齐连破农民军，斩其首领洪明，其他首领洪进、苑御、华当等皆投降。农民军六千多人被斩首，损失惨重，三县起义被平定。

孙权平定山越，讨平建安等地起义军，安定了东吴。

孙权迁都建业

建安十七年（212年）九月，孙权迁都建业（今江苏南京）。孙权的长史张纮曾以秣陵（今江苏江宁南）山川形胜，劝孙权把秣陵作为治所。刘备过秣陵，也劝孙权居之。孙权于是在秣陵境内修筑石头城（今江苏南京清凉山），由京口（今江苏镇口）移治秣陵，后改称建业。从此，建业就成为江东孙权集团的政治中心。其后，建业曾做过六朝的都城，有"六朝古都"之称。

刘备占据益州·平定三巴

建安十七年（212年）十二月，刘备应益州牧刘璋之请进至益州（今四川成都）、葭萌（今四川广元西南）后，树恩立德，收买人心，准备夺取益州。当时江东孙权受曹操攻击，请刘备相救，刘备借机向刘璋借兵，刘璋只给兵四千，辎重物资亦只给一半。刘备乘机激怒将士反对刘璋。此时，刘璋谋士张松暗通刘备谋取益州之事泄漏，被刘璋斩首，刘璋又命各地关戍，不许刘备通过。刘备于是向刘璋发动进攻。

第二年五月，刘备军势更盛，连连取得胜利，分军四下平定许多地方，刘备围攻雒城时，因迟迟不能攻下雒城，于是命镇守荆州的诸葛亮等人沿江西进，共取益州。建安十九年（1214年），诸葛亮与大将张飞、赵云攻克益州巴东郡（今四川奉节东），随后张飞、赵云分兵两路，攻占江阳（今四川泸州）、犍为（今四川彭山）、巴西（阆中，今属四川）、德阳（今四川遂宁）

等地。刘备后来占领雒城。诸葛亮、张飞、赵云率军与刘备会师，进围成都（今属四川）。刘备派从事中郎简雍入成都劝降。

当时成都城还有精兵三万，粮食可用一年，军民准备誓死抗战。这时马超正在张鲁麾下，密书请求向刘备投降，刘备给马超补充军队，命其引兵屯扎于成都城北，城中大惊。刘璋无心再战，开城投降，刘备进入成都，把刘璋迁回公安（今湖北公安东北），自领益州牧。于是在建安十九年（214年）闰五月，刘备占据益州。这为后来建立蜀汉政权打下了基础。刘备奔波半生，终于也有了自己的地盘。

建安二十年（215年）十一月，刘备见曹操势力不仅进入汉中（今陕西汉中东），而且进入三巴（巴郡、巴西、巴东）地区，便派遣部将黄权出兵三巴，击败投降曹操人酋帅朴胡、任约等人。曹操派大将张郃率军准备把三巴的人迁往汉中。刘备派巴西太守张飞率万余人迎击。相持五十多天后，张飞大破张郃，迫使张郃退回到南郑。刘备于是平定了三巴地区。三巴地区平定以后，刘备势力得到极大发展，为刘备政权的巩固和发展铺平了道路，扫除了障碍。

曹丕称帝代汉

汉建安二十五年，即魏黄初元年（220年）正月，曹操病死，儿子曹丕继位为魏王。同年十月，汉献帝让位，曹丕称帝（是为魏文帝）。至此，历14帝、195年的东汉王朝名实俱亡。

十月十三日，早已徒存名号的汉献帝刘协被迫将象征皇位的玺绶诏册奉交曹丕，宣布退位。曹丕照例三让之后于同月二十九日升坛受禅，登上皇帝的宝座，因原为魏王，故改国号为魏，建元黄初。十一月一日，曹丕封刘协为山阳公，允许行使汉朝正朔和使用天子礼乐。同时追尊曹操为武皇帝，庙号太祖。且授匈奴南单于呼厨泉魏国玺绶，并赐青盖车、乘舆等。十二月，

魏受禅表碑

魏文帝曹丕像

定都洛阳。

曹丕趁改朝换代之际，对职官制度进行了若干重要改革。代汉之前，已颁布了陈群所立的九品官人法，严禁宦官干政。称帝后，改相国为司徒，御史大夫为司空，由此恢复了被曹操于汉建安十三年（208年）废除的三公官制（太尉、司徒、司空）。而此后司徒、司空位号虽尊奉，但一般不干预朝政。曹丕又设秘书省为中书省，置监令，主管通达百官奏事，起草诏令，以此分掉尚书部分权力，改变东汉后期尚书权职过重的现象。稍后又颁诏禁绝后族辅政，以革除东汉外戚专权的弊病。这些改革都在一定程度上加强了君主专制，在职官制度史上产生了深远的影响，如三省制中的中书置省，就是曹丕创设的。在经济方面，曹丕继续推行屯田制，重视水利建设。总之，曹丕称帝代汉后，

建安十五年，曹操建成古建筑群铜雀台，曾率诸子作赋庆贺。图为铜雀台出土石狮。

魏国实力进一步增强。

刘备称帝

蜀章武元年（221年）四月，汉中王刘备在成都改元称帝。

魏黄初元年（220年）十一月，曹丕称帝后，蜀中传闻汉献帝刘协已被杀害，身为皇室的刘备于是发丧制服，追尊刘协为孝愍皇帝。事后，刘备部下争着说符瑞，纷纷劝刘备即帝位，刘备没有答应。军师诸葛亮卜言，认为如果不听从大家的建议，恐怕人心离散。于是刘备才同意，并让军师诸葛亮、博士许慈、议郎孟光设定礼仪，选择吉日良辰，上了尊号。前部司马费诗进言，说刘备"大敌未克而先自立""未出门庭，便欲自立"。刘备很不高兴，便将费诗贬为益州刺史部永昌从事。魏黄初二年（221年）四月六日，刘备在成都即皇帝位，此即汉昭烈皇帝、蜀先主。因为他以兴复汉室为己任，所以国号仍为汉，改元章武。因仅有益州一隅之地，又称"蜀汉"或"季汉"。刘备以诸葛亮为丞相，许靖为司徒。设置百官，建立宗庙，祭祀先帝。五月十二日，刘备立夫人吴氏为皇后，立儿子刘禅（阿斗）为太子，立车骑将军张飞的女儿为皇太子妃。

刘禅降魏·蜀汉灭亡

魏景元四年、蜀炎兴元年（263年）十一月，邓艾带军从小道突至成都城下，蜀国毫无防备，刘禅出城投降，蜀汉灭亡，共历二帝43年（221年—263年）。

当邓艾兵临成都，蜀君臣见魏军犹如天降，惊惶失措。后主刘禅召集百官商议对策，有的主张投奔孙吴，有的主张逃往南中，光禄大夫谯周力主投降魏国，群臣大多响应，于是后主命侍中张绍等奉玺、绶出城向邓艾投降。刘禅的儿子北地王刘谌极力主战，反对投降。在苦谏刘禅不听的情况下，哭倒于昭烈庙，杀死妻儿后，自杀身亡。刘禅仍不为所动，又派太仆蒋显下诏令姜维投降钟会，姜维无奈暂诈降钟会，伺机而动。至此，蜀汉宣告灭亡。

魏灭蜀，得蜀28万户，94万人，甲士102000多人，吏4万人，以及许多金银、锦绮彩绢、谷物等，并且从此占据长江上游，对下游的东吴威胁很大。此次伐蜀的胜利也为司马昭增加了政治资本，为其日后篡夺魏国帝位奠定了基础。

西蜀锥刻戗金黑漆盒盖

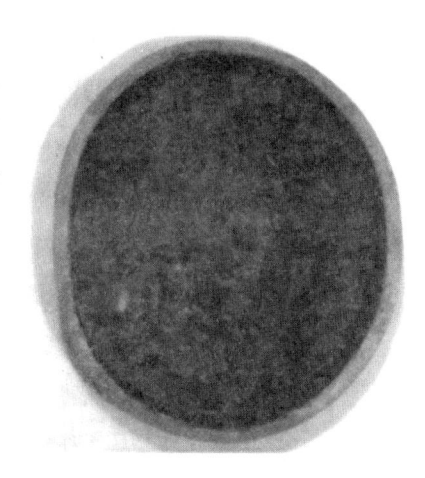

西蜀彩绘贵族生活图漆盘。该器装饰图案继承了汉代重列式构图的风格，人物体态修长，笔墨简练传神。

刘禅则被迁至洛阳，封为安乐公。有一天司马昭宴请刘禅，席间演出蜀地歌舞，在座的蜀国人都触景伤情，而刘禅却喜笑自若。司马昭于是感叹道："人之无情，乃至于此，虽使诸葛亮在，不能辅之令全，况姜维邪！"并问刘禅："颇思蜀否？"刘禅答道："此间乐，不思蜀也。"成语"乐不思蜀"即源于此。

司马炎称帝改制

泰始元年（265年）十二月十三日，司马炎设坛南郊，燔柴告天，逼迫魏帝曹奂退位，自称皇帝。司马炎，字安世，司马昭长子，逼迫曹奂退位后，封其为陈留王，改魏为晋，史称西晋，改元泰始，建都洛阳。本年十二月司马炎分封宗室二十七王，把司马氏宗室都分封为王。司马炎泰始分封，基本上承后汉之旧，君国而不君民。王国地不过一郡，王国的相由朝廷任命，与太守无异。国中长吏由诸王自选，财政不能自己擅作主张。同年十二月十九日，置中军将军以统御宿卫七军。又置谏官，以规劝皇帝。

泰始二年（266年）十二月，因屯田制难以继续，晋武帝司马炎下诏书命令罢农官，改农官为郡太守或县令，正式废除民屯，其所辖的屯田区即改属相应的郡、县，屯田民一部分转化为国家的编户，一部分成为私人的佃客。司马炎罢农官以及屡次责令郡县官劝课农桑，严禁私募佃客，在客观上起了促进生产发展的作用。

泰始四年（268年）正月，贾充主持修订的新律修成，依汉律9章增11篇，合20篇，620条，都是稳定性的条文，以正刑定罪，不入律的临时性条款，都以令施行，律、令共2926条，此外，又以常事品式章程为故事，各归本官府执掌。晋律、令、故事，成为后世法律形式范本。泰始二年（266年）、四年（268年），司马炎屡次下诏书责成地方官必须致力于省徭务本，并力垦

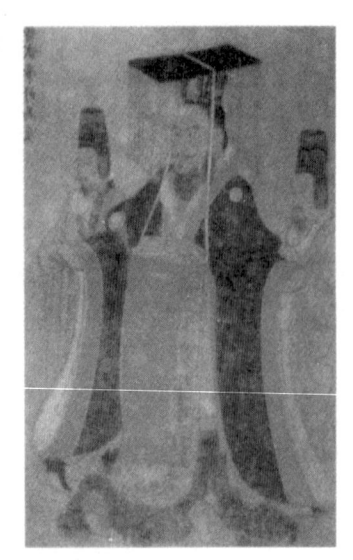

晋武帝司马炎像

殖；务必使地尽其利，禁止游食商贩。泰始五年（269年）十月，汲郡太守王宏执行政策得力，引导有方，督劝开荒5000余顷，在饥荒年许多地方粮食欠缺的情况下独汲郡不缺，为此司马炎特下诏表彰王宏，鼓励天下官民垦田。晋泰始四年（268年）十一月，司马炎下诏要求王公卿尹及郡国守相，举贤良方正直言之士。十二月，颁五条诏书于群国：一正身，二勤百姓，三托孤寡，四敦本息末，五去人事。至此，司马炎大致完成了称帝改制的任务。

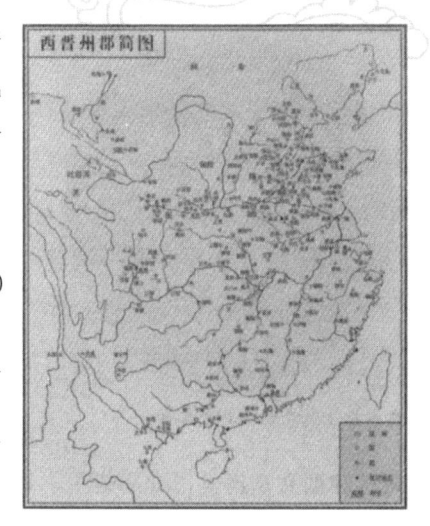

西晋州郡简图

刘渊称帝建汉·十六国开始

永嘉二年（308年）十月，刘渊称皇帝，国号汉，改元永凤。

刘渊称王建汉后，势力不断增长。造反兵败的石勒率领胡人部众几千人，乌桓部落2000人归顺刘渊，上郡（今陕西北部）四部鲜卑陆逐延、氐酋大单于徵、东莱王弥等也都归降刘渊，形成了一支由匈奴、鲜卑、羯、氐、羌等各族组成的反晋力量，刘渊称帝的意图也渐明显。为给建立帝业做准备，刘渊四处出兵，频繁侵扰晋地。首先派刘聪向南占据太行（今山西晋城南），又遣石勒等十大将东下攻取赵（今河北赵县、临城一带）、魏（今河北磁县、临淳、广平一带）。永嘉二年（308年）七月，刘渊攻陷平阳（今山西临汾西）、蒲坂，占据河东，把首都迁到蒲子（今山西隰县）。永嘉二年（308年）冬十月，刘渊正式称皇帝，改元永凤，国号汉，封其子大将军刘和梁王，且为大司马；尚书令刘欢乐陈留王，且为大司徒；御史大夫呼延翼雁门郡公，且为

日本出土魏景初三年制铜镜

大司空。宗室以亲疏为等,均封郡县王;异姓则以功勋为差,封为郡县公侯。永嘉三年(309年)正月,刘渊又采纳太史令宣于修建议,正式迁都平阳(今山西临汾西)。因从汾河水中获得治国玉玺,其上面写有"有新保之",刘渊认为这对自己是非常的吉祥,于是改元河瑞。永嘉三年(309年)三月,晋将军朱诞归降刘渊,劝其乘洛阳孤单势弱之机进攻。刘渊于是任命朱诞为前锋都督,刘景为大都督,攻下晋国的黎阳(今河南浚县西南),又打败晋将王堪,攻破延津(今河南延津西北至滑县以北一带)。

刘景大将军的称号是"灭晋",据传他一见晋人,不问男女老幼,一概杀戮。时刘景攻占黎阳、延津等地后,大施淫威,下令将该地百姓驱赶至黄河溺死,数日内,淹死男女达3万余人。同年夏,王弥、刘聪奉命连连打败晋将,攻下壶关(今山西黎城东北)。同时,匈奴铁弗氏与白部鲜卑也降顺了刘渊。八月,刘聪又奉命进攻晋都洛阳。九月,晋弘农太守垣延诈降,夜袭刘聪获大胜。十月,刘聪再次奉命与王弥、刘曜、刘景率精骑五万进攻洛阳。刘聪到达洛阳西明门,把军队驻扎在洛河旁。晋军起而反击,屡屡得胜,引起了刘聪的恐惧。王弥劝刘聪说洛阳守备顽固,而汉军粮食短缺,应暂还平原。正在此时,刘渊也召刘聪回还,十一月,刘聪等返还平阳。后封刘聪为大司徒。

司马睿称帝·东晋建立

太兴元年(318年)三月,晋愍帝遇害的消息传到建康,晋王的臣属纷纷上表劝司马睿即皇帝位。十日,司马睿于建康即位称帝,这就是晋元帝。东晋王朝正式建立。司马睿宣布大赦天下，改元太兴。文武百官都官升二级。

永嘉元年（307年）七月，朝廷命镇守下邳（今江苏睢宁西北）的琅琊王司马睿移镇建邺（今江苏南京），又命王衍弟王澄为荆州都督，族弟王敦为扬州刺史。

建兴四年（316年）十一月，愍帝出降刘聪，西晋灭亡。317年3月9日，司马睿称晋王于建康，改元建武，本年称皇帝，改元太兴。

司马睿像

东晋政权是西晋门阀士族统治的继续和发展。司马睿能在江南重建和中兴晋室，北方士族王导、王敦等琅琊王氏起了很大作用。王导（276年—339年）更是东晋政权的奠基人，当时被称为"江左管夷吾"。

永嘉（307年—313年）之乱后，民族矛盾上升为社会主要矛盾，社会关系出现了新的变化。因此，在江左建立的东晋政权不仅是门阀专政的工具，同时也反映了汉民族利益的某些特征，所以"中州士女避乱江左者十六七"。士族门阀的代表人物王导在东晋政权建立以前就清醒地观察了局势，他知天下已乱，遂倾心推奉司马睿，"潜有兴复之志"（《晋书·王导传》）。这显示了他超群的政治远见和抱负。

司马睿刚到建邺时，由于他在晋宗室中的名望并不太高，江南士族对他比较冷淡。王导知道要在江南重建政权，没有当地士族支持是不可能立足的，而要帮助司马睿在江南兴复晋室，必须先提高他的威望。王导于是与族

宋摹本东晋顾恺之斫琴图卷，古琴为中国传统乐器，此图描绘古代文人学士制琴场景。画面共十四人，或斫板，或制弦，或试琴，或帝观指挥。工作者与指挥者多坐于兽皮、席毯之上，风度文雅。除五侍者外，主要人物均长眉修目，面容方整，表情静穆。衣纹细劲，并用青、赭晕染衣袖领边等处。

兄王敦共同策划，利用三月初三当地节日机会带领北来士族名流，骑马拥从着司马睿的肩舆，进行一次声威浩大的巡游。江南名士纪瞻、顾荣等看到司马睿这种威风，都惊恐地跑到路旁拜见。王导又以司马睿的名义登门拜访贺循、顾荣等，请他们出来做官。顾荣又向司马睿推荐了不少江南名士，出现了"吴、会风靡，百姓归心"的局面。司马睿总算是在江南站稳了脚。

司马睿能成为东晋的创业主，主要依靠了王导、王敦等北方门阀的"同心翼戴"。司马睿用王导建议，以渤海刁协、颍川庾亮等百余人为掾属，称为"百元掾"，列入门阀谱。而王导、王敦等琅琊王氏一门更"特受荣任，备兼权重"。王导"内综机密，出录尚书，杖节京师，并统六军"，掌握中央军政大权；王敦则手握重兵，驻节荆州，都督中外诸军事，掌握军事征讨大权。王氏的群从子弟，也都"布列显要"担任要职。在举行皇帝登极大典时，司马睿竟让王导同他一起"升御床共坐"，共受百官朝拜，因王导再三推辞才罢。当时人把王导、王敦与司马睿的这种关系，形容为"王与马，共天下"。就是说，南渡士族之首的琅琊王氏与司马氏共同重建了晋室，共同享有东晋天下。东晋王朝共经历11帝，历时104年，是司马氏先后与王、庾、桓、谢四大士族"共天下"。

孔衍去世

孔衍字舒元，鲁国（今山东曲阜）人，是孔子的二十二世孙。孔衍少年时就非常好学，十二岁就通晓《诗》《书》。后来他到了江东，司马睿任命他为安东参军，专管记录，与庾亮一起补授为"中书郎"，后来又做了（明帝）太子的中庶子。当时东晋王朝刚刚建立，百事待兴，孔衍经学知识相当渊博，对于旧朝的礼仪制度非常熟悉，所以参与制定了东晋的礼仪规范，深受晋元帝和晋明帝的信赖。石勒认为孔衍是儒雅的读书人，曾命令他的下属不要轻易进入孔衍的地域骚扰他。太兴三年（320年）孔衍逝世，年仅53岁。孔衍生前著有《春秋公羊传集解》《汉魏春秋》等书，后者在敦煌有抄本留世。

石勒称帝·建立赵国

后赵建平元年（330年）九月，石勒称帝。永嘉六年（312年）石勒领军攻占襄国、冀州等周围郡县，被汉王刘聪任命为"都督冀、幽、并、营四州诸军事"的"冀州牧"，又封为"上党公"。石勒开始以襄国为据地屯积粮草，招兵买马，图谋大业。建兴二年（314年），石勒在幽、冀诸州清点人口，征收租赋，但比西晋所征减轻一半。太兴二年（319年），石勒称王，下令禁止酿酒，郊祀宗庙时用醴代酒。又派遣官吏巡视各州郡，劝课农桑。规定劝课农桑的成绩较好者，赐爵五大夫。因此中原农业生产得以逐步恢复，石勒势力强大起来，国境也不断扩大。

咸和五年、后赵太和三年（330年）二月，后赵群臣请石勒即皇帝位，于是石勒自称大赵天王，行皇帝事，立世子石弘为太子，立妃刘氏为王后。任命另一子石宏为骠骑大将军、都督中外诸军事、大单于，并封为秦王；任命石虎为太尉、尚书令，封为中山王。同年九月，石勒正式称皇帝，改

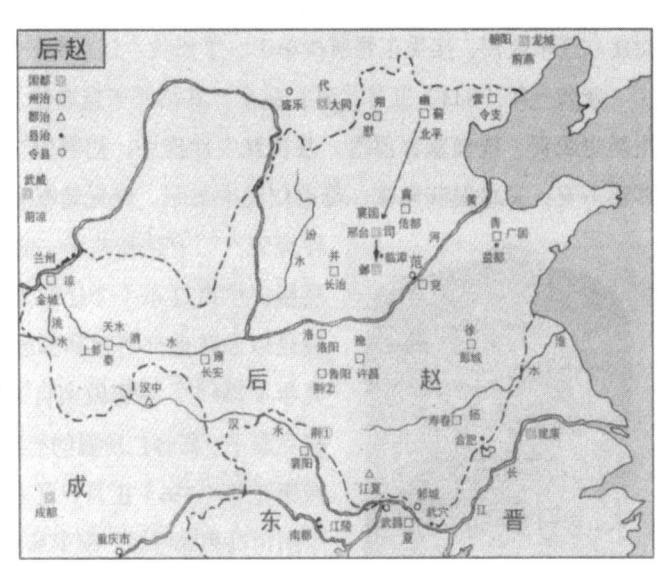

后赵疆域图

元建平，以石弘为皇太子，其他文武大臣都封赏有差。

石勒继位后，下诏命令公卿以下官员每岁举选贤良方正，以广求人才。又继续实行九品官人制度。又在襄国设立太学、小学，选取将佐豪右子弟入学教育，在各郡国设置学官，每郡派博士祭酒一人，收弟子150人，授以儒学经典。从此后赵国力大增。全盛时期，其管辖境地南逾淮河，东滨大海，西至河西，北接燕、代。除辽东慕容氏、河西张氏外，北方地区尽属后赵，隔淮河与东晋对峙。

慕容皝建立燕国

（西晋）元康四年（294年），鲜卑部落酋长慕容廆率部众徙居大棘城（辽宁义县西），慕容部落开始强大起来。永嘉初年，自称鲜卑大单于。西晋末年，廆建立辽东政权，接受东晋所授单于、平州牧、辽东郡公等封号。

咸和八年（333年）五月，慕容廆卒，其第三子皝继位，以平北将军履行平州刺史职责，统领慕容部落。慕容皝生性猜忌，初继位时，用法严峻，国人多感不安；又忌恨庶兄翰、母弟仁及季弟昭。庶兄翰叹息说："我怎能坐以待毙呢？"于是和儿子一起投奔段辽。仁举兵反叛，尽占辽东（今辽宁大凌河以东）。鲜卑段辽以及其他部落也和慕容仁相互声援。咸和九年（334年），慕容皝亲自率军征讨辽东，一举攻克襄平，慕容仁所属的居就、新昌等城投降。咸康元年（336年）正月，辽东海湾海水冰冻。皝采纳司马高翊建议，率军从昌黎（今辽宁义县）踏冰三百余里，直逼平郭（今辽宁盖县西南）讨伐慕容仁。仁仓皇出战，兵败被擒赐死，其亲信被杀，余部或投降或逃

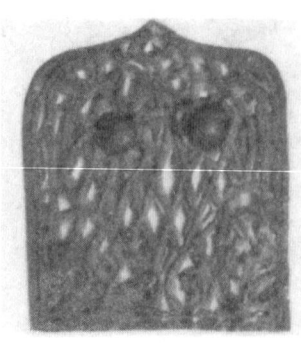

北燕金帽饰

散,辽东遂得以平定。同年六月,辽西段辽派段兰驻屯柳城(今辽宁朝阳南)西南回水,并约定宇文逸豆归攻打安晋为段兰声援。皝亲率大军逼向柳城,先后大败段兰与逸豆归两军。七月,皝派封奕在马兜山伏击段辽,又大获全胜。咸康三年(337年)九月,皝接受镇军左长史封奕等人建议,自称燕王。十月,即王位,遣使向(后)赵称藩,以弟汗为人质,求赵兵与燕军一起攻打段辽。十一月,追尊其父廆为武宣王,册立夫人段氏为王后,立子俊为王太子。定都龙城(今辽宁朝阳),弃东晋年号,改称燕王元年。史称前燕。

次年(338年)三月,皝率军攻掠令支(今河北迁安)以北诸城,大败段兰兵,斩杀数千人,掠夺了不少人口、畜产。石虎随后率军出击。段辽灭亡。340年,石虎责怪皝未待会师先攻段辽,派兵数十万伐燕。赵兵进逼棘城,围城十余日,无功而退。皝子恪率骑追击,大败赵兵。

建元二年(344年)正月,皝攻伐辽西宇文逸豆归,攻破其都城紫蒙川。宇文氏从此散亡。皝收其畜产、资货,又将其部众五千余人迁往昌黎。次年正月,皝分苑田、赐耕牛给贫民百姓,促进了农业生产。从此,前燕进入兴盛时期。

魏道武帝持续改革

拓跋氏原是一个处在落后的家长奴隶制社会的游牧部落。道武帝拓跋珪建北魏后,解散了原来的氏族组织,使氏族成员们分土定居下来,成为国家的编户齐民,由此血缘关系的氏族变成地缘关系的编户。他还设置了八部帅监督户民,劝课农桑,使奴隶制社会迅速向封建制社会转化。

为了推进拓跋氏的汉化过程,拓跋珪重用汉人河北清河大族崔宏,帮助制定各项制度。皇始元年(396年),拓跋珪开始建置百官,封拜官爵。第二年,又分置尚书三十六曹,并令全国研读五经诸书,置博士、国子学生30人,为国家培养人才。同年,拓跋珪迁都平城,开始营建都城,建宗庙,社

北魏陶牛俑。赶车俑为汉人形象，牛车也与中原地区常见的牛车形制相似，这反映了中原地区与北部少数民族地区的交往。

稷，正封畿，制郊甸，标道里。魏天兴六年（403年），拓跋珪命令有司根据官吏的品位、级别，制作不同的朝服、冠冕，使礼乐、等级制度逐步建立起来。天赐元年（404年）八月，拓跋珪仿汉族六卿之制，设立六竭官；九月，又对官品爵位制度进行改革。他在昭阳殿引见文武朝臣，亲自考选，随才授任，将爵位定为王、公、侯、子四等。皇子及异姓功勋卓著者封王，宗室及藩属王降为公，以此类推。官品共九等，王、公、侯、子为前四品，以下散官共五等，文武百官中才能优异者予以擢拔。天赐元年十一月，拓跋珪又下令在宗室置宗师，在八部中置大师、小师，州郡中也置立师，目的是举荐人才。天赐三年（406年）一月，拓跋珪又命人制定地方官制度，每州置刺史3人，官六品，其中宗室1人，异姓2人，相当于古代上、中、下三大夫；每郡置太守3人，官七品；每县置令长3人，官八品。刺史、令长必须到所辖州县处理事务，太守因为上有刺史、下有令长，虽设而没有实际事务。这样，北魏的职官从中央到地方都完全按照汉制的九品中正制执行。

道武帝拓跋珪一生持续改革，对北魏的建立和强大至关重要，并为北魏孝文帝拓跋弘进行大规模汉化改革起到了鸣锣开道的作用。

魏道武帝晚年暴虐乱国

北魏道武帝晚年好服寒食散，药毒屡屡发作，拓跋珪的脾气一天天地也变得暴燥起来。他无端怀疑群臣不忠，稍有猜忌，就随手诛杀，对于有旧嫌的大臣更不放过。群臣及侍从如有脸色改变，呼吸不调，步履失节，言辞有误，都被看作予谋不轨，往往还是亲手杀死，陈尸天安殿前。结果搞得群臣人人自危，不敢管理朝政，一时间北魏境内盗贼成群。

天赐六年七月，北魏慕容族人一百余户密谋逃亡，计谋泄露，被道武帝全部杀死。卫王拓跋仪参于穆崇谋杀道武帝，事泄出逃，被道武帝追回杀死。当时国中坦然自若，不被猜疑的只有崔浩父子二人。天赐六年十月，道武帝立齐王拓跋嗣为太子。北魏有个旧俗，立太子必杀其母，拓跋嗣母亲被赐死后，日夜号泣。道武帝安慰拓跋嗣说，这是古来就有的作法，当初汉武帝为防母后干予朝政，就曾杀死钩弋夫人。自己学习古代贤王，是为了国家长远之计。拓跋嗣宁愿不做太子也要母亲，道武帝非常生气。拓跋嗣听从左右劝告，赶忙逃匿民间。道武帝次子拓跋绍，封为清河王。长大后凶狠无赖，喜好便服游荡民间，甚至拦路抢劫，成为国中一害。道武帝把他倒吊在井里，奄奄一息时才放出。拓跋绍由此记恨在心。天赐六年十月，道武帝因事谴责贺夫人，把她关起来准备杀掉。贺夫人派人密告儿子拓跋绍，绍联络亲信及宫中宦官，于夜间杀死道武帝。

魏发生宫廷政变，太子拓跋嗣听说后立即回到都城，在群臣支持下，起兵平定叛乱，杀死拓跋绍及贺夫人，然后继皇帝位，改元永兴，是为明元帝。

刘裕灭刘毅

晋义熙八年（412年），刘裕诛灭刘毅。

刘裕、刘毅、何无忌为东晋北府兵的三巨头。卢循起兵，何无忌战死，刘毅战败。紧急关头，刘裕从北伐前线赶回，平定卢循。和刘裕同时起家的刘毅，虽然外表推崇刘裕，内心常怀忌恨。刘裕一向不喜读诗书，而刘毅则爱好文雅，朝中文雅之士多依附刘毅，于是刘毅暗中勾结朝中尚书仆射谢混、丹阳尹郗僧施，立志除掉刘裕。刘裕知道刘毅必反，于是先发制人，假意同意调刘藩至荆州，而乘刘藩到京城时，收捕刘藩，处以死刑，随即亲自率兵讨伐刘毅。

刘裕任命振武将军王镇恶为前锋。王镇恶一路宣称自己是刘藩的军队，军队顺利入城。王镇恶占领大城后，又派人挖穿刘毅据守的牙城。半夜，刘毅突出重围，在城北的牛牧佛寺自缢身亡。

《好太王碑》，晋义熙十年（414）立。

刘裕行义熙土断

东晋安帝义熙九年（413年）三月，时任太尉的刘裕因桓温庚戌土断过时已久，逐渐失去作用，国内人民和实际户口很不一致，给国家兵役来源及租赋收入造成混乱，因而请求再次实行土断。

刘裕实行义熙土断时，除徐、兖、青三州居住在晋陵（今江苏镇江、常州一带）的住户可以不进行外，其他流寓郡县大多被并省，归入本地郡县。会稽（今浙江绍兴）四姓中的余姚世族虞亮抗命，藏匿亡命千余人，被处以死刑。于是豪强肃然，远近知禁。

义熙土断，是历史上第四次土断，也是比较彻底的一次。它打击了东晋豪强士族势力，对维护东晋政府的兵役来源和租赋收入起到了重要作用。

魏太武帝灭佛

中国佛教史上曾有北魏太武帝、北周武帝、唐武宗与后周世宗下诏铲除佛教，史称"三武一宗灭法"。魏太武帝是始作俑者。

魏太武帝拓跋焘灭北凉后，曾徙其国佛教信徒（包括沮渠氏宗族及吏民）数万户到当时魏的都城平城，于是佛教在北魏境内的影响迅速扩大。但拓拔焘和大臣崔浩都崇奉道教，厌恶佛教，因而崔浩便力主灭佛，拓拔焘也有这样的意图。太平真君五年（444年）正月十二日，拓拔焘曾下诏禁止王公庶民私养沙门、巫觋，违者斩杀沙门、巫觋及主人全家。太平真君七年（446年）三月拓拔焘率军亲征卢水胡盖吴时，攻入长安，入佛寺观马，见室内有兵器，认为此物非沙门所用，定是与盖吴通谋，企图作乱，拓拔焘便命有司诛杀全寺沙门。在清理其财产时，又见寺内有很多酿酒之器及州郡官民财物，密室内还藏有妇女，对佛教就更为厌恶。崔浩乘机再进灭佛之言，拓拔焘遂于本月下诏灭佛。规定："浮图形像及胡经，皆击破焚烧，沙门无少长皆坑之。""自今以后，敢有事胡神及造形像泥人、铜人者门诛。"因太子晃素好佛法，故意延迟发布诏令，远近沙门多闻风逃匿，佛像经卷也多秘藏，只有寺塔遭毁无遗。

拓跋焘晚年，佛禁稍松。至拓拔濬（文成帝）即位，于兴安元年（452年）十二月十一日，正式解除佛禁。此后，佛教在北魏又长足发展起来。

北魏鎏金铜造像。造像作结跏趺坐，头有高髻，眼俯视，神态安详，身着圆领广袖通肩大衣，衣纹处理别具一格。自两肩向中间下垂而相连，形成一重复向外扩展的垂鳞纹，两袖而下衣纹紧密而有规律。身体略作前倾，双手合于胸前。此造像的造形特点显示了鲜明的北魏风格。

高欢起兵废立·控制北魏朝政

普泰元年（531年），尔朱世隆等废长广王元晔，立广陵王元恭为帝，即节闵帝，改元普泰。魏镇远将军崔祖螭等聚青州七郡之众，围攻东阳；接着，幽、安、营、并四州行台刘灵助起兵，自称燕王；未几，魏前河内太守封隆之等盘踞信都，归附高欢，悍然发难。

雄据晋州（山西临汾东北）险要的高欢见时机已经成熟，于普泰元年六月在信都起兵，讨伐尔朱氏。高欢是北魏初年右将军高湖的曾孙。高欢自幼长育于鲜卑人之中，后娶妻亦为鲜卑女子；并且他自呼其名为贺六浑，这也是鲜卑名。故一般说高欢家族是鲜卑化的汉姓。高欢年轻时做过函使，即信差。高欢也曾参加过破六韩拔陵、杜洛周、葛荣等的起义。从杜洛周义军中逃奔葛荣；又从葛荣军中逃奔尔朱荣，取得尔朱荣的信任，担任其亲信都督，升任晋州刺史。

高欢在信都起兵后，一方面与地方势力高乾、封隆之串连，一方面又采取种种手段笼络民心。他诈言尔朱兆将以六镇降户配给契胡为其部属，激怒六镇降户。同时，他又伪造并州兵符，征兵万人讨伐步落稽胡，并暗中密嘱部下拖延出征日期。出征之日，高欢亲自送六镇降卒及所征新兵到郊外，洒泪握别，于是"众皆号恸，声震原野"。高欢

西魏时期敦煌二八五窟南壁壁画。南壁以横卷式为基本结构单元。壁面上沿垂帐纹下画伎乐飞天一列，共十二身。飞天以下为横幅《五百强盗成佛》故事画，其西端为《释迦多宝并坐》。下部四个禅室，均以花鸟、忍冬、火焰纹为龛楣装饰；龛楣之间穿插因缘故事画《沙弥守戒自杀缘品》和本生故事画《施身闻偈》。最下为药叉装饰带。

告谕士卒：现在从信都开赴并、汾两州征战是死，误了军期又当死，配契胡也是死，大家认为该怎么办呢？众人道：只有反了！高欢就是这样以六镇降户为基础，并联络汉人大族，起兵攻打契胡尔朱氏的。

高欢起兵以后，士气很盛，一路攻城略地，捷报频传。普泰元年十月初六，高欢听从孙腾之计，仿曹操"挟天子以令诸侯"，于信都立渤海太守、安定王元朗为帝，即位

西魏立兽

于信都城西，改元中兴，高欢自任丞相。中兴二年（532年）正月，高欢攻占了邺城。尔朱氏赶快集中了兵力二十万，尔朱兆、尔朱天光、尔朱度律、尔朱仲远同会于邺，与高欢决战于韩陵（今河南安阳市东北）。当时高欢战马不足两千，步兵不满三万，众寡悬殊。高欢于是破釜沉舟，布下圆阵，将牛驴牲口系在一处以堵塞归路，使将士有必死之志。死士之志，足以一当十。尔朱氏大败。韩陵一战，尔朱氏元气大伤，高欢则为其霸业奠定了坚实的根基。

高欢击败尔朱氏大军，在当年四月基本控制了全局，进入洛阳后，高欢废元朗，又将节闵帝元恭幽囚于崇训佛寺，拥立平阳王元脩即位，改元太昌。魏孝武帝元脩即位后，立封高欢为大丞相、天柱大将军、太师，世袭定州刺史；又任命高欢之子高澄为侍中，开府仪同三司。高欢于是在晋阳险要之地建大丞相府，遥控北魏朝政。十二月，魏改元永兴；不久，又改元永熙。

周灭齐·统一北方

建德六年（577年）二月，北周灭北齐，统一了北方国土。

北周武帝于建德四年（575年）七月，建德五年十月。两次伐齐，占领了

北齐重镇晋阳。北齐后主逃归邺都（今河兆磁县南），欲招募士兵，但又不愿出赏，也无诚意感召将士重振军威。周武帝却正相反，以缴北齐珍宝赏赐军士，士气更旺。

北齐武平七年（576年）十二月，周武帝领兵攻邺城，北齐后主高纬毫无主见，与群臣面面相觑，束手无策。后主为逃避责任，于北齐承光元年（577年）正月一日禅位给8岁的儿子高恒，即幼主，改元承光，高纬自为太上皇帝。三日，北齐太皇太后、太上皇后等由邺都逃往济州；九日，北齐幼主高恒亦领亲信东逃；十九日，北齐太上皇帝高纬亦率百骑东逃。二十日北周军攻克邺城。二十一日，高纬逃到济州，与家小会合后，授意高恒让位给驻守瀛州的任城王高湝，高纬自称无上皇，称高恒为守国天王。接着，高纬全家等南逃青州欲投奔陈，被北周大将尉迟纲追上俘虏。

二月，高湝在信都（今河北冀县）集中四万余兵力，欲图恢复失地，被北周齐王宇文宪击败，高湝被俘。至此，北齐境内所辖地方行台、州、镇，除东雍州（今山西新绛）行台付伏、营州（今辽宁朝阳）刺史高宝宁外，其余全部归于北周，总计得50州，162郡，380县，3332500万户，自此北周统一北方。

周灭齐统一北方，客观上促进了北方各民族融合的历史进程的完成，形成了一个充满活力的新汉族，为进一步的南北方统一作了准备。

陈霸先建陈

陈霸先（503年—559年），字兴国，小字法生。原籍颍川，南渡为吴兴长城（今浙江长兴）人，从小家庭贫寒，却好读兵书，初仕乡为里司，后至建康，为油库吏，后为新喻侯萧映传教，萧映当时是广州刺史，于是陈霸先随萧映来到广州，为中直兵参军。因陈平乱有功，被提拔为西江督护，高要太守，不久又因平交州李贲乱事有功，梁武帝萧衍亲自召见他并授予直阁将军，封号新安子，侯景发动叛乱时，陈霸先募集士卒3万人，与王僧辩联合讨伐侯景，平定叛乱后，又因功受赏，以功为司空，领扬州刺史，镇京口。

西魏破江陵时，萧绎（梁元帝）死难，陈霸先与王僧辩其迎晋安王萧方智为帝（梁敬帝），北齐趁江南动荡，以大兵临江，强迫被北齐俘虏的贞阳侯肖渊明替代萧方智为帝，王僧辩在这种危急的情况下惧怕北齐过江，加上他有自己个人的打算，所以接受了北齐的要求，当然他这种举动遭到了江南人民的强烈反对。

陈霸先像

就在此时，陈霸先乘机从京口起兵偷袭石头城，杀死王僧辩，废掉已被王僧辩拥立的萧渊明，重新拥立萧方智为帝，自此以后，陈霸先是借自己的文韬武略，有力地击却了北齐的南下侵略，铲平了王僧辩余党的反叛行为，在自己地位巩固后，陈霸先矫诏封自己为陈公，不久以后，又进封自己为陈王，557年，陈霸先在十月六日逼迫自己拥立的萧方智让位于己，梁朝至此灭亡，共历四帝五十六年，十月十日，陈霸先称帝，国号陈，建元永定。

杨坚灭宇文氏建隋

杨坚出身于关陇名门贵族，他的女儿嫁给周宣帝作皇后。大象二年（580年），宣帝死，静帝年幼无力统辖朝政。在山东士人李德林和高颎的帮助下，杨坚入宫辅政，被称为大丞相，总理朝政大小事宜。

杨坚入宫后，身体力行革除宣帝时期许多苛政峻法，制订了《刑书要制》；准许汉族人放弃鲜卑族而恢复自己原来的姓氏；他还提倡国民必须节俭才能强国富民。这些举措都对于久处于纷乱艰辛的人们予以莫大的希望，顺民意、合民心，取得了人民的信任和拥护，在推行政举的过程中取代北周宇文氏的迹象更加明显。

北周贵族眼见自己的朝廷逐渐被杨坚所掌握，不甘失败。赵王招、陈王纯、越王盛宗、代王正、滕王五王会集长安，企图兵变，想在宴会上暗暗埋伏士兵将杨坚杀死，杨坚不知是计，只带了大将杨弘、元胄前去。席间，赵王几次下手，幸亏元胄舍命相救杨坚才脱险。后来，杨坚以谋反罪将五王全部杀死。自581年二月开始，杨坚听从宰相虞庆则的建议，要消灭北周宇文氏皇族以求消除隋朝的一大隐患，于是便大开杀戒。五月二十三日，为断绝北周皇统，巩固自己的统治，秘密杀害了周代的末代皇帝、隋介国公宇文阐，宇文阐当时只有9岁。

隋文帝杨坚像

大象三年（581年），杨坚废周称帝，改国号为隋，改纪年为开皇元年，定都长安，史称隋文帝。杨坚利用种种手段就此实现了他改朝换代的夙愿。

李渊称帝建唐

隋恭帝义宁二年（618年）五月，李渊称帝（是为高祖），建元武德，建立唐朝。

李渊（566年—635年），大业十二年（616年）任太原留守。当时隋朝在农民大起义打击下土崩瓦解，他乘机起兵反隋，攻取长安，立隋炀帝孙侑为帝。隋恭帝义宁二年（618年）五月，隋恭帝禅位于唐，逊居代邸，封鄌国公，唐王李渊在长安即位称皇帝，建元武德。罢郡置州，以太守为刺史。推王运以唐为土德，色尚黄。

同月，令裴寂、刘文静等修定律令，根据开皇律令而进行损益，尽削大业所用烦峻法令。又制53条格，务在宽简，取便于时。六月，唐高祖以赵公李世民为尚书令，黄台公李瑗为刑部侍郎，相国府长史裴寂为右仆射、知政事，司马刘文静为纳言，司录窦威为内史令，李纲为礼部尚书、参掌选事，殷开山为吏部侍郎，赵慈景为兵部侍郎，韦义节为礼部侍郎，陈叔达、崔民干并为黄门侍郎，唐俭为内史侍郎，

唐高祖李渊像

录事参军裴晞为尚书左丞；以隋民部尚书肖瑀为内史令，礼部尚书窦琎为户部尚书，蒋公屈突通为兵部尚书，长安令独孤怀恩为工部尚书。同月，唐高祖立世子李建成为皇太子，赵公李世民为秦王，齐公李元吉为齐王，宗室黄瓜公李白驹为平原王，蜀公李孝吉为永安王，柱国李道玄为淮阳王，长平公

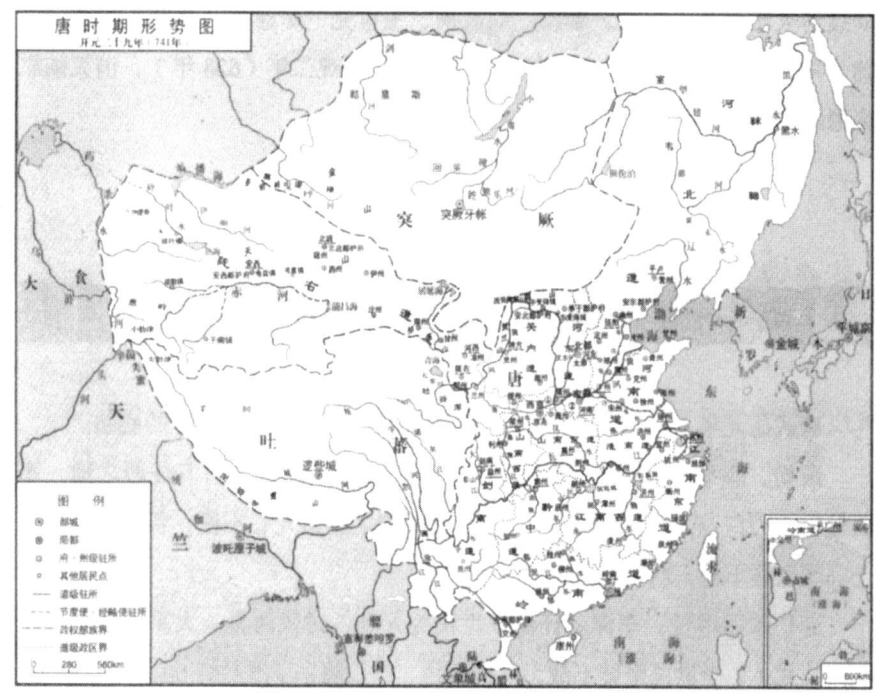

唐时期形式图

李叔良为长平王，郑公李神通为永康王，安吉公李神符为襄邑王，柱国李德良为新兴王，上柱国李博义为陇西王，上柱国李奉慈为渤海王。

七月，郭子和从榆林郡（今内蒙托克托西南）派使者到长安，请求归唐。郭子和在隋末起兵以后，势力逐渐发展壮大。后在众人的拥戴下，郭子和自称"永乐王"，改元丑平，奉其父为太公，以其弟郭子政为尚书令，郭子端、郭子开为左右仆射。郭子和招募兵员，训练兵士，有骑兵2000多人，势力强大，独霸一方，与南面朔方郡的梁师都遥相呼应，北面结好突厥，受始毕可汗封为"屋利设"。所谓"设"就是突厥对别部主管军事的首领的称谓。他看到唐军势力强大，于是请求归唐。李渊非常高兴，接受了郭子和的请求，任命郭子和为灵州总管。

李渊称帝后，很快制定方针，巩固关中，逐步消灭割据势力，采取诱降与武力并举，远交近攻，各个击破等策略。在以后7年间，先西北，后东南，陆续消灭恭薛举、李轨、李密、刘武周、王世充、窦建德、肖铣、杜伏威、辅公祏等众多割据政权，基本控制了全国。至贞观二年（628年），消灭依靠突厥的朔方梁师都后，彻底的统一全国。

李世民灭西秦

唐武德元年（618年）十一月，李世民灭西秦，解除了西方的威胁。

唐初，薛举、薛仁果父子国号西秦，以金城为中心，占有陇西之地，军队号称30万。八月，薛举病死，薛仁果继位。西秦人心不稳，各相猜忌。谋士郝瑗患病不起，西秦国势由此衰败。

薛仁果刚继位，李渊就任命李世民为元帅，讨伐西秦。大军至高墌（今陕西长武），李世民坚壁不战，养精蓄锐，与敌将宗罗睺对峙60多天。结果，薛仁果粮尽，其将梁胡郎、翟长孙等相继率部降唐。李世民知道薛仁果缺粮，将士上下离心，无力再战，决定择时反击。他派行军总管梁实在浅水原扎下大营，引诱西秦攻打。宗罗睺中计，倾精兵围攻。梁实与唐军士兵同甘共苦，守险不出。李世民又使右武卫大将军庞玉接应，自己则统兵从浅水原北面攻入敌阵。西秦军队四散溃逃，数千人被唐军消灭。李世民不顾窦轨的苦谏，选派精锐骑兵2000多人，亲自乘胜追击，进围薛仁果于高墌城下。唐军在秦王指挥下奋勇攻城，西秦骁将浑干等人临阵降唐，薛仁果被迫退守城池负隅顽抗。此时，唐朝的后继部队也开到高城下，与李世民军兵会合，猛烈攻城。守城兵士纷纷弃城投降。十一月，薛仁果见大势已去，被迫出城投降。

耶律阿保机为契丹主

耶律阿保机，契丹迭剌部首领，通过连年征讨，南下侵扰唐朝，征服其他部族，势力加强，906年被推为契丹主，第二年，阿保机仿汉人建官制并称帝。

大贺氏是契丹部族中最大的一部，大贺氏部下分八部。其中迭剌部首领耶律阿保机智勇过人，率兵先后征服周围室韦、女真、奚部，又侵占了突厥故地。当时后梁建立，社会动荡不安，战争频繁，耶律阿保机趁机率兵南下侵扰，攻占城邑，掳掠汉族人口和大量财产，势力逐渐增强。后与后梁议和称臣，并约后梁派兵攻打晋，卷入中原纷争。天祐三年（906年）十二月，契丹主痕德堇可汗卒亡，于是耶律阿保机继承可汗位被推为契丹主，耶律阿保机就位后持强恃勇，不按契丹部族规定，改用汉人制度，在潢水之滨建立城郭宫城，并大造佛寺，供养僧尼，不受其他部族酋长约束。第二年，耶律阿保机称帝，契丹人称耶律阿保机为契丹天皇王。

朱全忠建梁·五代开始

开平元年（907年）四月，梁王朱全忠即帝位，国号大梁，建元开平，即为梁太祖。中国重新分裂，五代十国混战开始。

朱温，即朱全忠，原为黄巢部将，中和二年，与唐王重荣战于夏阳，由于援军缺乏，朱温知起义军大势已去，于是举兵投王重荣。唐朝廷授朱温同华节度使、右军吾大将军、河中行营招讨副使，赐名全忠。朱全忠兵势强盛，企图篡唐以代，后诏授朱全忠为梁王。朱全忠先后兼并淮北、汉水中下游，东迄山东、四接关中，北与燕南、晋南相接，古称中原之地都被朱所占据。朱全忠先后杀昭宗、立幼主、屠诸王、灭朝士、拥兵自重，境外诸藩如李克用、李茂贞、王建、杨渥、钱镠、刘仁恭等不能与之抗衡。当时唐哀帝困居洛阳，正在朱全忠势之掌握之中。

唐天祐四午（907年）正月，哀帝遣御史大夫薛贻矩至大梁慰问。薛返回洛阳告知朱全忠有意受禅。哀帝被逼下诏，定于二月禅位。二月，李柷（哀帝）令文武百官前往朱全忠帅府劝进，湖南、岭南藩镇也上笺劝进。三月十三日，再令薛贻矩赴大梁传禅位之意。二十七日，哀帝正式降御札禅位于梁。命正副册礼使张文蔚、苏循，正副押传国宝使杨涉、张策，押金宝使薛贻矩、赵光逢，帅百官备法驾诸大兴。唐天祐四年（907年）四月十六日，梁王朱全忠更名朱晃，十八日，梁王服衮冕，即皇帝位，

朱温像

即历史上后梁太祖。二十二日大赦，改元"开平"，国号"大梁"，以汴州为开封府，称东都。以唐东都洛阳为西都，废唐西京长安，改称大安府，置佑国军。以哀帝为济阴王，迁之于曹州，派兵防守，第二年将哀帝杀死。撤废枢密院，设崇政院，任命首辅敬翔为使。自此，自武德以来经21帝，289年的李唐王朝为梁王朱晃所灭，中国重新分裂。

同时河东、凤翔、淮南、川蜀仍奉唐正朔，抗拒（后）梁。河东沙陀李克用与朱温（后梁太祖）势不两立；川蜀王建与凤翔李茂贞相约联晋王李克用兵攻梁王。九月，王建在蜀称帝；淮南杨渥则拥兵坐观时局变化。而南方政权诸镇先后向后梁称臣接受册封，契丹也遣使与梁通如，唐灭后割据政权相继形成并展开混战。

刘守光称帝国号大燕

刘守光乃深州乐寿（今河北献县）人，唐末卢龙节度使刘仁恭之子，为人庸昧而淫虐。梁开平元年（907年），刘守光囚父自立，第二年又杀兄守文、侄延祚。燕应天元年（911年）八月，刘守光独霸幽州，此后自矜据地2000里，带甲30万，想自立为"皇帝"。晋王李存勖对刘守光决定"阳尊以重其恶"，与河北诸镇共推其为"尚父"，太祖朱温知其狂愚，亦封其为河北道采访使及尚父，藉以笼络利用。刘守光还不满足，自称大燕皇帝，建元应天。

10月，晋国派使者到幽州，刘守光以其不称臣而杀之，从此，与晋国关系恶化，本年底，李存勖以此为藉口而围攻幽州城。乾化三年（913年）十一月，李存勖攻破幽州城，活捉刘守光父子，次年一月在太原斩首。至此，盘踞幽州近20余年的刘氏势力被消灭，其地盘尽归李存勖所有。

赵匡胤加强中央集权

赵匡胤夺取后周政权后，为了防止五代十国割据混乱局面的重演，采取了一系列措施，加强封建专制主义中央集权，建立起由皇帝直接控制的庞大军队和官僚机构。

宋太祖即位不久，解除了曾帮助他夺取政权的禁军高级将领石守信、王审琦、高怀德等人的兵权，提拔了一些资历浅、易驾驭的年轻人充任禁军将领。接着取消禁军最高统帅殿前都点检、副都点检的职务，由殿前都指挥使司、侍卫马军都指挥使司、侍卫步军都指挥使司分别统领禁军，各不相属，总称三衙，各设都指挥使、副都指挥使和都虞侯，共计九员，作为三衙统兵官，并由文官主持的枢密院掌管军队的调动、招募、供给、训练、屯戍、拣选、迁补等军政，实行以文制武，目的是为了巩固和提高皇权。此外，宋太祖把一半禁军部署在京城附近，另一半屯驻外地，使内外相隔，互相制约。经常调换军队的将领，实行更戍法，定期换防，不致军队威胁皇权。

为了避免出现"君弱臣强"的尴尬局面，宋太祖着手削弱宰相的职权，在宰相之下设参知政事若干人，又置枢密使，分割宰相的军政大权，设三司使分取宰相的财权。为了彻底结束藩镇割据，他采纳赵普"稍夺其权，制其钱谷，收其精兵"的建议，取消节度使兼领数州的制度，从平定叛乱开始，每消灭一割据政权，规定所属各州都归中央直辖，然后逐步将节度使从地方调至开

宋太祖赵匡胤像

封担任无实权的闲官，由中央派文官任知州、知府，一般是三年一任，各州府还设置通判，监督、牵制州府长官。

宋太祖加强中央集权的措施，基本结束了"安史之乱"以来200多年的藩镇割据局面，巩固了赵宋王朝统一的局面，为经济文化的高度发展创造了良好的政治环境，因而具有进步意义，但是他用"分化事权"的办法控制大臣的专擅，不利于地方经济文化的多元化发展和抵御外侮，使后世造成了一系列弊政。

宋太祖征北汉

开宝元年（968年）七月，北汉主刘钧去世，养子刘继恩继位。太祖认为进兵时机已到，八月命令大军直趋北汉。

九月，北汉发生内讧，北汉主刘继恩被杀，其弟刘继元即位。这时，宋军已进入北汉境内，继元急忙向辽求援，同时派刘继业等率兵防守团柏谷（今山西太谷南），以马峰为监军。马峰在洞过河与宋将李继勋遭遇，宋军大胜，乘胜追击，来到太原城下。十一月，辽南院大王挞烈率兵马来援救北汉。宋将李继勋等人怕孤军深入，领兵南归。辽和北汉联军于是入侵宋境，大肆掳掠晋（今山西临汾）、绛（今山西新绛）两州，然后收兵。

开宝二年（969年）二月，太祖赵匡胤命令曹彬、党进等人分别领兵先赴太原，接着下诏亲征。不久，李继勋等人夺取了团柏谷，将太原城团团围住。三月，太祖来到太原城下，下令筑长连城围攻太原，并接受陈承昭的建议，引汾河水灌太原城，并在城外造四寨。北汉大将刘继业出城攻打东、西两寨，大败而还。

四月，辽军分两路救援北汉，败于阳曲，五月败于嘉山。太原守军士气不振。闰五月，汾水灌入太原城，城中一片惊慌，北汉人急忙堵塞进水口。

宋军屯兵太原城下，久攻不克，损兵折将。时值暑雨连绵，士卒多患腹病。不久，辽又派强兵奔赴太原救援北汉，驻扎在太原西面，北汉更难以攻取。于是宋君臣商议班师回朝。

宋军撤回时，将一万多户北汉人迁到山东、河南。北汉也得到宋军遗弃的大量军储。

宋太祖平定南汉

北汉一时难以攻克，宋太祖将目标放在南汉。

开宝三年（970年）八月，太祖让南唐后主李煜出面劝南汉主刘𬬮臣服于宋，刘𬬮却出言不逊。于是太祖决意伐南汉。九月，太祖下诏，任命潘美为贺州道行营兵马都部署，尹崇珂为副都部署，王继勋为行营马军都监，率大军平定南汉。

不久，宋军攻克了富州，直逼贺州。南汉朝野震惊。刘𬬮派龚澄枢前往贺州宣慰，但龚澄枢到贺州时，宋已大兵压境，他只能慌忙逃回。占领贺州后，宋军又连破昭、桂、连三州，兵逼韶州。韶州是广州的屏障，南汉都统李承渥率十万大军屯驻蓬花峰下，列象为阵。潘美令弓箭手射象，象群反奔，李承渥大败。破了韶关，宋师又接连占领英、雄二州。

这时，南汉小朝廷已摇摇欲坠。刘𬬮见势不妙，准备船载金银、妃嫔逃入海中，但宦官与士兵先盗船逃走。刘𬬮欲走不得，只好奉表请降。潘美入据广州，俘获宗室、官吏97人，押送汴京。太祖封刘𬬮为恩赦侯。

宋灭南唐·李煜去世

宋开宝八年（975年）十一月，宋将曹彬攻破江宁，南唐后主李煜率臣僚出降，割据江南的南唐政权被攻灭。

宋平定南汉后，南唐后主李煜为维护其统治，主动改国号为"江南"，减损编制，对宋称臣。而暗中却招兵买马，积蓄势力，积极备战。宋太祖早有所察觉。开宝七年九月，宋太祖派曹彬等率兵赴荆南，准备伐南唐，因师出无名，命人招李煜入朝，李煜便称病不去。

宋以李煜拒命不朝为借口，发兵分路进攻南唐。南唐军队不战自溃，主将朱令斌慌忙间投火自尽。

李煜陷身孤城，又无援兵，只得再派徐铉、周惟简出使汴京，向宋求和。宋太祖在便殿召见了使者，徐铉道："李煜因病不朝，不是敢违抗圣旨，请罢兵以拯救一邦之命。"太祖道："朕已晓谕将帅，不得妄杀一人。"徐铉还要辩解，太祖大怒，拔剑道："休要多言！江南有什么大罪，但天下一家，卧榻之侧，岂容他人鼾睡！"徐铉慌忙退下。太祖又责问周惟简，周惟简道："臣本隐居山野，不愿奔波仕途，李煜硬逼臣来。"太祖遂厚赐二人，遣归江南。

宋军攻陷了江南诸州，唯剩江宁一座孤城，曹彬几次派人督促李煜出降，李煜为左右所惑，犹豫不决。后来大军攻入城中，曹彬将李煜及一批南唐重臣四十余人押回汴京。南唐政权结束。

太平兴国三年（978年），做了三年阶下之囚的南唐后主李煜心怀故国，忧愤而死，年仅42岁。

宋太宗求贤

宋太宗赵光义继位后，为治国之计，招贤纳士，广泛寻访人才，收归己用。

科举是当时选拔人才的一条重要途径。宋太宗沿袭太祖文官之制，重用读书人，因为读书人作文官，没有兵权，便于管理，也不怕他们造反。宋太宗笼络读书人的方法主要是复试进士，令他们入仕之后感激皇恩。如太平兴国二年（977年），宋太宗在讲武殿复试进士，选五百多人，在开宝寺赐宴，每人都授以官职。还有一例，太祖到西京，张齐贤献十策：下并汾，富民，封建，敦孝悌，举贤，太学，籍田，选良吏，惩奸，谨刑。回来后，就跟太宗说："我至西京，惟得一张齐贤，汝异时可用自辅。"后来张齐贤考进士，太宗打算把他放在高第，但有司却将他的名字放在几十个人之后。太宗很不高兴，将一百多名士子除名不用，"盖为张齐贤"。

《雪夜访赵普》，明刘俊画。表现赵匡胤雪夜私访宰相赵普的故事。

宋神宗强兵

宋神宗赵顼登上帝位后，开始了旨在富国强兵、摆脱贫弱困境的军事变法运动。

宋神宗进行的军事改革包括：一、裁并禁兵。将原来需满61岁始退为民的服役年限提前10年，以裁汰老弱士兵。另外，按照骑兵300人、步兵400人为一营的编制，整编禁兵。二、设军器监。专门负责管理兵器制造，废除原先的三司胄案，使兵器制造得以大大改善。三、将兵法。将原来不同番号的禁兵混合组编成将的编制，将下设部，部下辖队。各将所辖兵力，从3000人到1万人不等。四、保甲法。以5户1保，25户1大保，250户1都保，分设保长、大保长、都保正和副保正，每户两丁以上，一人选充保丁，对保丁实行"上番"制度。五、保马法。河北、河东、陕西及开封府保甲养马，每户一匹，富裕户两匹，养马户可减免部分赋税。

北宋用武士作守护神像，较常人更具威逼力量。

宋神宗的军事改革措施，取得了一定成效，初步摆脱了以文制武的旧指挥体制，改变了宋军的编制体制，出现了系将禁兵与不系将禁兵的区别，使宋军的战斗力有了某种程度的提高。但是，宋神宗的军事改革收效甚微，宋朝仍然没有摆脱积弱的困境。如将兵法虽广泛推行，但由于所用将官大多是庸常之才，对军事训练并未认真付诸实行。保甲法不仅没能替代招募而来的正统军，反而给保丁们带来了沉重灾难，既影响了农业生产，又使保丁受到有关官吏的大肆勒索。

完颜阿骨打不为天祚帝舞

辽天庆二年（1112）二月，天祚帝到行在长春州（今吉林长春）游猎，并到混同江钓鱼。阿骨打及其弟吴乞买、粘罕等按惯例与各女真部落首领均前往朝见。

适遇天祚帝举行"头鱼宴"，饮酒半酣，天祚帝命令各女真酋长次第起舞。独阿骨打辞以不能，谕之再三，始终不从。天祚帝认为这是阿骨打谋反辽朝的信号，命令大臣萧奉先假托以边事，将他杀掉，以绝后患。但萧奉先认为，阿骨打是一个粗人，酒宴上不肯起舞是不知礼义。无大的过错而将其杀死，会使女真人产生反意。而且即使阿骨打有谋反之意，一个小小的部落也不会有多大作为。于是，天祚帝打消了杀死阿骨打的主意。

九月，阿骨打从混同江回到部落驻地，怀疑天祚帝已经知道他有谋反之意，就领兵吞并了附近的几个女真部落。阿古齐、卓克算二人拒绝与阿骨打合作，逃到咸州（今辽宁开原东北），并报告辽廷。天祚帝决心除掉阿骨打，数次召阿骨打入朝，阿骨打均称疾不去。

阿骨打建金反辽

辽天庆三年（1113年）十二月，女真联盟长乌雅束死，其弟阿骨打嗣位，称都勃极烈。

女真族长期生活在中国东北地区"白山黑水"（今长白山，黑龙江流域）一带。战国时期被称作"肃慎"，后来名称几经变化，在辽朝统治下，确定其名称为"女真"。

辽初，生女真有72个部落，过着游牧打猎生活。后来，其中的完颜部强大起来，乌古乃为首领时，使诸部归附于完颜部。今年，乌雅束死，其弟阿骨打继位，阿骨打承前代富庶之余，兵强马壮，在他的领导下，女真族的历史进入一个崭新的发展阶段。

宋陵石雕

辽天庆四年（1114）九月完颜阿骨打（金太祖）起兵反辽。

耶律延禧（天祚帝）即位之后，契丹贵族对于生女真的压榨勒索愈来愈严重。并且经常对女真人加以侮辱，称为"打女真"。

本年七月，完颜阿骨打集诸部辖兵2500人，发动了反辽的战争。

十月，首先攻下辽朝东北边防重镇宁江州，又败辽兵于河店，所向无敌。

金收国元年（1115年）正月，在反辽战争的胜利进军中，完颜阿骨打（金太祖）建立金国。

完颜阿骨打去世

金天辅六年（1122年）、辽保大二年，金太祖阿骨打领兵亲征辽中京（今内蒙古自治区宁城西）后，天祚帝逃出燕京（今北京市）城，至鸳鸯泊（今河北张北县西北）、夹山（今内蒙古自治区萨拉齐西北），一直向西逃去。金太祖率军一路追赶。

金上京遗址

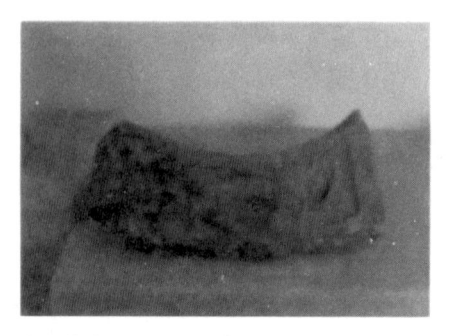

金上京遗址出土的瓦边

金太祖阿骨打陵地

天辅七年（1123年）六月初一日，追至鸳鸯泊，由于路途鞍马劳累，身染重病，只得下令退还上京（今内蒙古自治区巴林左旗东）。八月，病逝于途中，年五十六，庙号太祖，谥武元皇帝，墓号睿陵。

阿骨打于辽天庆三年（1113年）为女真各部的都勃极烈，连败辽军，天庆五年称帝建立金国，击溃辽天祚帝亲征，连取辽上京、中京、西京、燕京，攻占了辽极大部分地区，一直把天祚帝赶到荒漠之地的夹山，辽已濒临灭亡。

高宗下诏岳飞被迫班师

宋绍兴十年（1140年）六月，岳飞派遣部将王贵、牛皋、杨再兴、李宝等分途经略西京（今河南洛阳）诸郡，又遣梁兴渡河联合忠义社进取河东、北诸州县，而且派兵东援刘锜，西援郭浩，岳飞自己率部直至中原。

不久，李宝、牛皋陆续在京西一带击败金兵。闰六月，岳飞部将张宪、傅选与金将韩常激战于颍昌府（今河南许昌），大败金兵，并收复颍昌。

绍兴十年顺昌之战后，金军退守河南。岳飞挥师北进，并连克颖昌府、淮宁府（今河南淮阳）、郑州、西京河南府（今河南洛阳东）等地，进逼开封。七月，宗弼见岳家军兵力分散，又探知岳飞只有少量军队驻扎在郾城（今属河南），于是率领龙虎大王、盖天大王和韩常等军共一万五千人直趋郾城。两军交战之际，岳飞令其子岳云率轻骑攻入敌阵，往来冲杀。金军出动重甲骑兵"铁浮图"作正面进攻，另以骑兵为左右翼，号称"拐子马"，配合作战。

岳飞吸取了顺昌之战的经验，派背嵬亲军和游奕军马迎战，并派步兵持麻扎刀、大斧等，上砍敌兵，下砍马足，杀伤了大量金兵，使其重骑兵无法发挥所长。岳家军中的勇将杨再兴单骑突进敌阵，打算活捉宗弼，杀金兵数百人。双方从下午激战到天黑，金军大败。

不久，金兵再犯郾城，岳飞在城北五里店再次击败金兵，杀死金将阿李朵孛堇。是役，宋军以少胜多，给金军以沉痛打击。郾城之战后，宗弼集兵十二万驻屯于临颖（今属河南）。杨再兴率三百骑兵出外巡逻，在小商桥与金兵遭遇，杀死金兵二千多人以及一百多名将领，宋军也全部壮烈殉国。张宪率岳家军再战，逐金兵出临颖县界。同日，岳家军又大破进犯颖昌的金军主力。

正当宋军北上节节胜利之际，秦桧却想乘此良机和金议和，于是授意张俊、王德等从宿、亳地区班师南归庐州，同时高宗下诏岳飞措置班师。

这时岳家军已处于孤军深入无援的境地，如果不奉诏班师，不但有违抗朝廷君命之罪，而且有陷入金军重围的危险。在这危急关头，岳飞经过慎重考虑，终于最后决定忍痛班师回朝。他悲愤填膺，对部下哀叹道："十年之功，废于一旦！"京西的百姓们闻讯后，挽住宋军的战马，哭着请他们留下来继续抗金。岳飞只好对百姓们出示班师诏书，军民痛哭失声，最后岳飞决定再停留五天，掩护百姓们迁移襄汉。岳家军撤回鄂州之后，河南州郡马上又重陷金军之手。

宋军收复中原的良机，就这样被宋高宗和秦桧葬送掉了。

完颜亮政变继位

金皇统九年（1149年）十二月九日夜，完颜亮发动宫廷政变，亲手杀掉完颜瓶亶（金熙宗），夺取帝位，是为海陵王。

金熙宗晚年的时候，贵族完颜宗弼（兀术）执掌大权，政局颇为稳定。但金兀术于皇统八年（1148年）去世后，朝廷内部权力纷争再起。完颜亶无法控制政局，遂迁怒于大臣，不仅杀左司郎中三合、杖平章政事秉德，还因怀疑其弟胙王元与河南起义军有关而杀胙王元、弟查剌和左卫将军特思，再因不满裴满皇后干预朝政而杀皇后及妃嫔多人，因此朝中大臣们人人自危。

完颜亮为完颜宗幹之子，太祖之孙。他自幼通晓汉制汉文化，欲乘完颜亶末年政局混乱之机谋夺皇位。皇统九年（1149年）初完颜亮任都元帅；三月为太保，领三省事。他联合权贵完颜勖及完颜宪、完颜秉德等人，揽持权柄；五月，完颜亮因被告发指使翰林学士张钧诽谤皇帝而遭贬出朝，行至北京（今内蒙古宁城县）时，即密谋起兵北返，适逢奉召回朝复任平章政事而暂罢其事。皇统九年（1149年）十二月九日夜，完颜亮联合左丞相完颜秉德、大理卿完颜言及金熙宗的护卫等，发动政变，完颜亮闯入皇帝寝宫，执刀刺死完颜亶。然后，又假传完颜亶圣旨召完颜宗贤等入殿议事，乘机杀死他们。完颜亮随即继位，废前主为东昏王，大封功臣，并大赦，改皇统九年为天德元年。

铁木真被举为可汗

金统治时期，蒙古各部一直互相杀伐，势力分散。铁木真的父亲也速该曾经一度将蒙古各部联合起来，共同对付金朝。也速该死后，蒙古部落联盟迅速瓦解。泰赤乌部贵族抛弃了也速该的寡妻弱子，还掠夺了他的部队。连一些乞颜部的贵族也纷纷离开铁木真，前去投靠泰赤乌部。铁木真一家迅速陷入困境，靠采集山果，打土拨鼠和钓鱼来维持生活。

铁木真逐渐长大成人，他善于弯弓射猎，剽悍勇猛。泰赤乌部为了防止乞颜部重新兴起，派兵来袭，将铁木真掳走。铁木真得人帮助，才逃出罗网。不久，铁木真完婚。他将新娘带来的珍贵礼物送给他父亲生前的结盟兄弟克烈部首领王罕，并遵王罕为父。从此，铁木真找到了一个强大的靠山。后来篾儿乞人派兵前来袭击，将铁木真的妻子孛儿台和家人掳走。铁木真依靠王罕和札木合的兵力，打败了篾儿乞人，救回家人。从此以后，铁木真的势力不断壮大。他逐渐摆脱了对札木合的依附，率领部队建立了自己的营盘。很多蒙古贵族看到铁木真强大起来，纷纷向他靠拢。

1189年，乞颜部贵族推举铁木真做可汗，表示愿意服从他的领导。铁木真被推举为可汗后，立即着手建立"怯薛"（宿卫）制度，派自己的亲信担当重要职务。通过建立怯薛制度，铁木真建立了一支精悍、可靠

金代捧壶侍俑

的核心武装，这支武装的建立对于铁木真的进一步发展意义重大。铁木真就任可汗之后，随即派人向克烈部王罕报告，得到王罕的允准。在此后的几年里，他继续保持跟王罕的联盟关系，同时慢慢征服吞并蒙古各部，不断壮大力量，为实现蒙古部落的统一打下根基。

成吉思汗去世

成吉思汗西征归来后，亲自统率十万大军攻打西夏，兵围西夏都城中兴府，受降指日可待。蒙古太祖二十二年（1127年）夏天，重病的成吉思汗，到甘肃清水县六盘山避暑，同时等待西夏王来降。七月十二日，成吉思汗病逝，他的灵柩被护送回蒙古草原安葬。

成吉思汗临终前，嘱咐部下封锁消息，秘不发丧，以免西夏因为他病故而发生变故。同时，他还向部下重臣传授灭金的谋略：金朝精兵集中在潼关，南面占据连山，北面是黄河，如果直接进攻，一定难以攻破。如果从宋朝借道进攻，宋金世代有仇，一定会允许。蒙古军先进攻唐、邓地区，矛头直指大梁。大梁是金的要地，金廷必然从潼关派兵救援。然而几万兵马，赶上千里路前来救援，必然兵疲马弱。蒙古军一定能击败他们。等潼关金军损兵折将之后，再全面进攻。

成吉思汗还嘱咐，他死之后，蒙古军失去主帅，难免会军心动摇，士气低落，宋、金也会乘机发动猛攻。因此，他要部将把派去跟宋、金作战的各支蒙古军暂时全部召回，等到情况稳定下来，再出兵不迟。还布置，当战败的西夏王前来

成吉思汗像

投降时，立即斩杀，以绝后患。宣布以有治国才能的第三子窝阔台作为自己的继承人。

成吉思汗将后事布置完后死去。

忽必烈征服大理

蒙古蒙哥三年、大理天定元年（1253年）十二月，忽必烈攻灭大理，完成了从西南包抄南宋的计划。这计划是由他向执政的蒙哥提出并被采纳的。

大理国为白蛮（今白族）段氏于937年所建，辖域包括了今云南全省、贵州及广西西部、四川南部和缅甸、泰国、老挝的部分地区，主要民族为乌蛮（又称罗罗，今彝族）和白蛮，另外麽些（今纳西族）、和尼（含哈民族）、峨昌（今阿昌族）、蒲、朴子（今布朗、崩龙族）、金齿，白夷（皆今傣族）等族也居住在大理境内。

1253年秋，忽必烈从六盘山出发，假道吐蕃，从忒剌（今四川松潘）分三路前进，过雪山，渡金沙河，沿路攻城略地，收服大量吐蕃部落。当年冬，到达大理境内，在大理以北四百多里的麽些蛮诸部降蒙，这是大理境内最早归附蒙古的部族。

接着，忽必烈派使者到大理招降，被杀，于是他下令围攻大理城。此时的大理国王段兴智很孱弱，政权由高祥、高和兄弟把持。高氏兄弟出城迎战，大败，就与段兴智一起弃城逃跑。高氏兄弟在逃亡途中被蒙军追上，斩于姚州（今云南姚安）。忽必烈远征大理取得了胜利。

蒙哥四年春，忽必烈留兀良合台继续征服大理未附诸部，自己领军再次取道吐蕃东境，返回关中。

同年秋天，兀良合台领兵攻占押赤（今云南昆明），俘获大理国王段兴智。第二年，兀良合台遣送段兴智会蒙哥，蒙哥赐他"大王"称号，并将其遣送大理，命他协同蒙军安抚云南。

另外，兀良合台还征服了大理西部的金齿、归夷，并命阿术领兵进取罗氏鬼（或称鬼蛮、鬼国等）——居住在滇东北和黔西地区的乌蛮诸部。

这样，经过多年的征战，兀良合台征服了大理五城、八府、四郡之地和大部分乌蛮、白蛮部落，设置十九万户府分管其地。南诏在云南割据五百年后又与内地统一。

忽必烈建元·定都大都

至元八年（1271年）十一月，忽必烈采纳刘秉忠、王鹗等儒臣的建议，根据《易经》"乾元"的意思，正式建国号为大元，并颁布《建国号诏》。蒙古自从成吉思汗建国以来，一直用族名充当国名，称大蒙古国，没有正式建立国号。忽必烈登上蒙古汗位后，建年号为"中统"，仍然没有立国号。随着征宋战争的顺利进行，蒙古政权实际上已成为效法中原地区汉族统治方式的封建政权，尤其是忽必烈统治日益巩固，于是他决定在"附会汉法"方面再迈进一步，把自己的王朝建成传承汉族封建王朝正统的朝代。忽必烈建国号大元，明确表示他所统治的国家已经不只属于蒙古一个民族，而是中国历代封建王朝的继续。

至元九年（1272年）二月，忽必烈采纳刘秉忠迁都的建议，改中都为大都，正式定为元朝首都蒙古国时期，统治中心在和林（今蒙古境内），忽必烈即位后，元朝的统治中心已经南移，远在漠北的和林不再适合作都城，忽必烈开始寻找新的建都地点。他升

元世祖忽必烈像

开平为上都，取代和林，接着又迁往更理想的燕京（今北京），定名为中都。中都改为大都后，忽必烈于至元十一年（1274年）正月在大都正殿接受文武百官的朝贺，大都从此成为元朝的政治中心。

元世祖忽必烈去世

至元三十一年（1294年）四月，元世祖忽必烈去世，终年80岁。

忽必烈（1215年—1294年），元朝的创造者。拖雷之子，兄为宪宗蒙哥，弟有旭烈兀、阿里不哥。忽必烈为藩王时，就"思大有为于天下，廷藩府旧臣及四方文学之士问从治道"。蒙哥即汗位后，忽必烈总领漠南汉地军国庶事。元宪宗三年（1253年），受京兆封地；同年，受命远征灭大理国。元宪宗八年（1258年）朝廷兴师伐宋，忽必烈代总东路军，次年（1259年）九月，蒙哥病死于合州（今四川合川）。忽必烈得悉留守漠北的幼弟阿里不哥图谋自立为大汗，采纳儒士郝经建议，轻骑返燕京。次年（1260年）三月，即汗位于开平，建元中统，确立了"祖述变通"的建国方针。同年五月，阿里不哥也在和林称大汗。是年冬，忽必烈亲征和林，至元元年（1264年）始平。此间，忽必烈于中统三年（1262年）镇压了山东李璮的叛乱。至元八年（1271年），他取《易经》"大哉乾元"之义，建国号为大元。次年定都大都。至元十六年（1279年）消灭南宋，统一全国。此后，他接

元世祖忽必烈狩猎图

连派兵远征日本、安南、占城、缅甸和爪哇，均遭失败。同时，平定诸王海都和乃颜的叛乱，巩固了西北和东北边疆的统治。忽必烈在位35年期间，注意农桑，兴修水利，并建立了元代的行政、军事、赋税等制度，尤以行省制度影响深远。忽必烈对巩固和发展统一的多民族国家，促进民族文化与中外文化的交流作出了积极的贡献。

朱元璋势力渐强

在元末群雄并起的情况下，朱元璋所领导的红巾军的势力逐渐强大起来，并取得了最后的胜利，建立了明朝。

朱元璋由于才略出众，深得郭子兴的器重，至正十五年（1355年）郭子兴死，朱元璋便掌握了这支军队的实际领导权。

同年六月，朱元璋南渡长江，夺取了太平路（安徽当涂）一带大片地区。第二年三月又亲率大军攻克集庆路（南京），改名应天府，建立江南行省。并

朱元璋于龙凤十二年（1366年）所书两道军令，促徐达火速攻取安丰、高邮。

以应天府为根据地，分兵占领镇江、金坛等地，逐渐发展为当时起义军中的一支劲旅。

攻下集庆后，朱元璋采取了固守东西，出击东南的战略，准备与群雄逐鹿中原。他先取皖南诸县，然后由徽州路（安徽歙县）进取建德路（浙江建德），构成包围婺州（浙江金华）的形势。天启元年（1358年）十二月，朱元璋亲自统帅10万大军包围了婺州，元守将开城投降。朱元璋在婺州建中书浙东行省，接着又占领了浙东的诸暨、衢州和处州（浙江丽水）。东南一带被孤立的元军据点，次第消灭。

至正二十三年（1363年），朱元璋与陈友谅在鄱阳湖决以死战，结果陈友谅中流矢死亡，朱元璋占据了长江中游地区。4年后又消灭了割据苏州的张士诚。至正二十七年（1367年），朱元璋对盘踞浙东的方国珍分三路大军进行征伐，最后用3个多月的时间便消灭了其割据势力。

这样，朱元璋便基本上消灭了元朝的残余势力及各地的主要割据政权，并于洪武元年（1368年）建立了明朝。朱元璋之所以最终能成为明代的开国皇帝，是因为他比较注意建立巩固的根据地，能够重用一批地主阶级的知识分子，帮他制定比较正确的战略和策略。

朱元璋称帝建明

元至正二十八年（1368年）正月四日，朱元璋在应天（今南京）即皇帝位，定国号为"大明"，建元洪武，立马氏为皇后，朱标为太子，以李善长、徐达为左、右丞相，设官分职，封赏文武百官，开始了明王朝的统治。

同年闰七月，徐达率大军沿运河北上，下长芦，克青州，通州，元将也先自海口逃跑，二十八日，元顺帝携后妃、太子由居庸关北逃上都。八月二日，徐达师入大都。从1271年元世祖建国号以来统治中国98年之久的元朝

明太祖朱元璋像

至此结束。

朱元璋在建立大明帝国之后，即着手肃清政治，整顿吏治，在经济、文化等方面都有很大举措。于洪武元年（1368年）八月，中书省奏定设吏、户、礼、兵、刑、工六部，部设尚书（正三品）、侍郎（正四品）、郎中（正五品）、员外郎（正六品），主事（正七品）。并在奉天殿召见六部官，规定国家之事，总之者中书，分理者六部。积极劝课农桑，招贤纳士，明帝国初步建立并逐渐发展起来。

朱元璋一方面整饬吏治，发展恢复经济，一方面继续完成全国的统一。元朝灭亡后，各地割据政权还继续散存，朱元璋虽然握有河南、江浙和闽广，但统一全国的任务还十分艰巨：秦晋尚待平定，四川有夏明昇盘踞，云南为元梁王控制，东北有元丞相纳哈出拥兵驻金山，逃奔上都的元顺帝仍然保存着系统的政治机构和相当的军事力量。朱元璋采取了先西北，再西南，后东北的作战策略。

洪武元年（1368年）八月西征山西，败元将扩廓帖木儿，次年二月，攻打陕西，建西安府。洪武四年（1371年）正月，兵分两路进取四川，败夏明昇。洪武十五年（1382年）平定云南。二十年（1387年）进军东北，征服纳哈出，二十一年（1388年）四月，蓝玉袭破元嗣君脱古思帖木儿的精兵十多万人，从此，东北全境也纳入了明朝的版图。朱元璋称帝后，费时二十余年，终于完成了全国的统一大业。

大明帝国的建立，是朱元璋统一战争的结果，是统一战胜割据与分裂的产物，也是华夏文明的重建与发展。

朱元璋去世

洪武三十一年（1398年）闰五月十日，朱元璋去世。

朱元璋（1328年—1398年），即明太祖，明朝开国皇帝。幼名重八，又名兴国，字国瑞，濠州钟离（今安徽凤阳东）人。少时贫寒，曾作雇工和僧人。元至正十二年（1352年）参加郭子兴部红巾军。以其精明和处事果敢受到郭子兴的信任和重用。担任过九夫长和总管。郭子兴死后，任右副元帅。龙凤二年（1356年）攻下集庆（今江苏南京），改为应天府，称吴国公。又以应天府为据点，四处出击，不断收复地盘，招聘儒士，罗致左右人才，建立官职。并采纳朱升"高筑墙，广积粮，缓称王"的建议，巩固和扩大实力，先后消灭陈友谅、张士诚等群雄。

吴元年（1367年）秋，朱元璋实施南征北伐的战略，进展顺利。洪武元年（1368年）正月，朱元璋在军事战争的节节胜利声中，即皇帝位，国号明，建元洪武，定都南京。同年八月，徐达等率师攻克大都，推翻元朝统治。其后平定两广，略定秦晋，平夏平滇，出兵东北，完成了祖国的统一。

为了巩固统治，朱元璋建立健全各种政治设施，恢复和发展社会经济，还制定酷刑，严惩贪官污吏。后罢中书省及丞相，皇帝总揽大权，使封建中央集权更加集中和强化。朱元璋以猛治国，尤其是锦衣卫和廷杖的建立和实施，使许多功勋卓著的文臣武将惨遭杀害，导致贤佞不分，遗害无穷。尽管如此，朱元璋仍可称为封建社会里有作为的帝王和政治家。元璋在位三十一年，死时七十一岁，同月十六日葬于孝陵，谥号高皇帝，庙号太祖。同日，皇太孙朱允炆即位，成为明王朝第二代皇帝。

朱棣即帝位·创内阁制

明建文四年（1402年）六月十七日，燕王朱棣即皇帝位，是为明成祖文皇帝。1402年六月，燕军进入京城，第二天，被建文帝朱允炆削废的诸王便率文武群臣向朱棣上表劝进，朱棣不允，诸王与群臣便一连劝进数日。六月十七日，在编修杨荣的提示下，朱棣首先拜谒了明太祖朱元璋的陵寝，尔后，诸王和文武百官备好法驾，奉上宝玺，迎立于道，高呼万岁。到这时，朱棣才升辇入宫，在奉天殿接受了以兵部尚书茹瑺为首的群臣朝贺，正式即皇帝位，改元永乐。

七月一日，朱棣在南郊大祀天地后，回到奉天殿，诏令当年六月以后，仍以洪武三十五年为纪，次年（1403年）为永乐元年。建文中所改易的祖宗成法都要革除，一切恢复旧制。七月三日，又诏令将建文时更定的官制改回洪武旧制。九月四日及第二年（1403年）五月，朱棣两次大封靖难功臣。建文四年（1402年）十一月十三日，朱棣册立妃徐氏为皇后。明成祖在恢复诸王爵禄后暗中开始"削藩"，将边塞诸王迁回内地，减少诸王的护卫，同时收回诸王对将帅、卫所军的节制指挥权；重申不许诸王擅役军民吏士的禁令，不许过问地方事务；对犯有过失的诸王，先以书诫谕，继而示以惩罚，最后或废为庶人或加以惩治。这一策略较建文帝更隐蔽，步骤实施也更从容，收到了削藩效果又不致酿成祸乱。

永乐元年（1403年）年将北平改为北京，设北京行部诸衙门，将大宁都司徙至保定。

朱棣登基后，还决定起用一批资浅而干练的文臣参预机务。建文四年（1402年）八月一日，朱棣选命侍读解缙、编修黄淮入直文渊阁，同预朝廷机密重务。九月，又命侍读胡广、修撰杨荣、编修杨士奇、检讨金幼孜和胡俨同直文渊阁参预机务，与解、黄二人一起朝夕侍从左右，做皇帝顾问，称之为内阁。他们分掌文案，综理制诰，内阁制度随之创立，不过，这时的阁臣品秩远在六部尚书之下。秩为五品，而且不设官属，不辖诸司事务，经洪熙、宣德两朝，内阁制度才趋完备。

成祖二征蒙古

永乐十一年（1413年）十一月六日，瓦剌马哈木侵扰边疆，次年二月六日，成祖下旨亲征瓦剌。

当初，由于成祖诏许阿鲁台入贡，马哈木怀恨在心，多次寻机找事，并且拥兵饮马河（今克鲁伦河）准备入侵。成祖朱棣大怒，于永乐十二年（1414年）正月，征发山东、山西、河南等地民工十五万人，将粮食运到宣府（今河北宣化），以备征瓦剌之用。又于二月六日，下诏亲征。发马步军50余万。

三月十七日，成祖由北京出发，皇太孙随从，学士胡广、金幼孜、庶子杨荣等随从护驾。四月一日到达兴和，进行大阅兵。在屯云谷，鞑靼博啰布哈等5人投降。五月，成祖之军到饮马河。六月，前锋刘江在刚哈拉海与瓦剌军相遇，将其击退。成祖率军到达和拉和锡衮（今蒙古乌兰巴托以东附近），瓦剌马哈木、太平、博啰三部迎战。成祖命柳升等攻击中部，陈懋、王通攻其右翼，李彬、谭青、马聚攻左翼，自率铁骑冲击，大败瓦剌，斩其王子10余人，部众数千级，穷追至图拉河，马哈木逃脱。战争结束后，皇太孙请成祖及时班师，八月一日，成祖车驾到北京，在奉天殿受群臣朝贺。

明成祖第四次北征

永乐二十一年（1423年）七月，阿鲁台再次进犯边境，为消灭阿鲁台，明成祖第四次亲征塞外。

七月二十四日，明成祖率大军从京师出发，浩荡北进，二十六日抵达土木河，九月十五日，鞑靼故知院有人前来投降，并告知明成祖：今年夏天阿鲁台

长陵的主殿——棱恩殿

已经被卫剌特打败，溃不成军。如今听说明朝大军出塞征讨，阿鲁台早吓得魂不附体，不知去向，再也不敢向南侵犯明边境了。明成祖封赏来人后，决定班师。十一月回到京都。这次北征，未有任何战事，无功而返。

努尔哈赤称汗

明万历四十四年（1616年）一月一日，女真族（满族）首领努尔哈赤在赫图阿拉（今辽宁新宾西老城）称汗，年号天命，国号金，史称后金。他就是后来的清太祖高皇帝。

早在万历二十九年（1601年），随着女真族势力的日渐壮大，努尔哈赤就建立了黄、白、红、蓝4旗，后又于万历四十三年（1615年）增建镶黄、镶

收在《满洲实录》中的努尔哈赤《建元即位图》

白、镶红、镶蓝4旗,共计8旗,完善了"八旗制度"。这种制度符合当时社会经济发展的状况和不断扩张势力的要求,实行兵农合一,全体女真族成员都统称"旗人",严格按旗、参领、佐领编制,平时从事农业生产,战时入伍作战。这种社会组织形式,具有生产、行政、军事三种职能,女真族在这种制度下更是如虎添翼,迅速兴盛强大起来。

努尔哈赤还规定了许多行军作战原则,如行军时,看地形而变,地广就八旗并列,地窄就合为一路,灵活机动;作战时,以长矛大刀为先锋,擅长射击的从后面冲击,精兵不得下马,相机接应。另外在胜利后,实事求是地考察功劳。

他又设置了听讼大臣、佐理等官职,分工明确,并确立每五日视朝,听取奏议的制度。另又创文字,实行屯田,开采矿藏。这些都为他第二年的即位做了准备。

为清朝立国奠定了基业的努尔哈赤

努尔哈赤的即位，标志着后金的迅速崛起强大。即位时他曾致书朝鲜国王，说朝鲜如果日后再援助明朝，他一定以刀兵相见，表明他有很强的雄心和实力。自此后金成为明王朝在东北的主要威胁力量。

他即位后，继续扩张自己的势力，日益加强与明王朝的对抗，为建立大清王朝打下了坚实的基础。